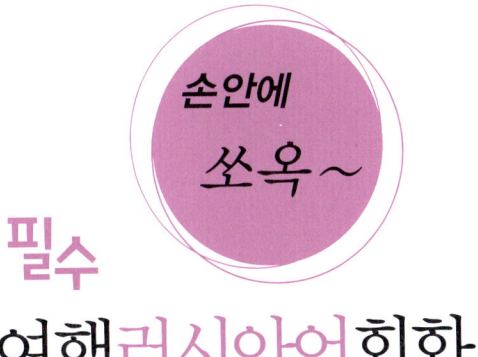

필수
여행러시아어회화

손안에 쏘옥~

이은수 지음

필수 여행러시아어회화

가림Let's

손안에 쏘옥~
필수 여행러시아어회화

2007년 9월 10일 제1판 1쇄 발행

지은이/이은수
펴낸이/강선희
펴낸곳/가림Let's

등록/2001. 12. 1. 제5-206호
주소/서울시 광진구 구의동 57-71 부원빌딩 4층
대표전화/458-6451   팩스/458-6450
홈페이지 http://www.galim.co.kr
e-mail galim@galim.co.kr

값 7,500원

ⓒ 이은수, 2007

저자와의 협의하에 인지를 생략합니다.
무단 복제 · 전재를 절대 금합니다.

ISBN 978-89-89967-14-9 03790

가림출판사 · 가림M&B · 가림Let's의 홈페이지(http://www.galim.co.kr)에 들어오시면 가림출판사 · 가림M&B · 가림Let's의 신간도서 및 출간 예정 도서를 포함한 모든 책들을 만나실 수 있습니다.
온라인 서점을 통하여 직접 도서 구입도 하실 수 있으며 가림 홈페이지 내에서 전국 대형 서점들의 사이트에 링크하시어 종합 신간 안내 및 각종 도서 정보, 책과 관련된 문화 정보를 받아보실 수 있습니다. 또한 홈페이지 방문시 회원으로 가입하시면 신간 안내 자료를 보내드립니다.

책 머리에

아름답지만 아직은 낯선 러시아를 여행하는 데 가장 두려운 것 중 하나는 언어소통이라는 문제일 것이다. 그러한 어려움을 조금이나마 해결하고자 테마별로 꼭 필요한 회화를 이 책에 정리하였다.

초보자들에게 "러시아아로 말하기"는 쉬운 일은 아니겠지만, 대화에서 가장 큰 적은 두려움이 아닐까 싶다. 러시아어로 말하기에 앞서 열린 마음으로 대화를 시도하고 러시아 사람들에게 다가간다면 좀 더 깊은 그들의 내면과 진정한 아름다움을 볼 수 있으리라 생각한다.

한 번쯤은 러시아 여행을 꿈꾸는 사람들에게 이 책이 용기를 주고, 즐거운 추억을 남기게 할 수 있기를 바란다.

2007년 9월
이 은 수

Contents

책머리에	9
러시아에 대한 간단한 지식	15
여행 짐 꾸리기	16
출국 절차	18

기본의 기본
19

인사하기	21
언어 소통	24
나이와 가족	26
소개	28

비행기를 탔을 때
31

내 자리 찾기	33
주위 승객이 불편을 끼칠 때	36
기내 서비스 받기와 승무원에게 부탁하기	37
기내 면세품 사기	40
몸 상태가 좋지 않을 때	41
입국 신고서 작성	43

공항에 도착해서
45

러시아 공항	47
입국 심사	48

다른 비행기로 갈아탈 때	49
입국 심사대에서	51
짐을 찾을 수 없을 때	53
세관을 통과할 때	55
환전할 때	57
공항에서 목적지까지 가는 방법	59

숙소에서   63

러시아 호텔	65
숙소 구하기	66
호텔 예약 및 체크인	68
룸 서비스 받는 요령	71
호텔 편의시절 이용하기	73
문제가 생겼을 때	76
체크아웃할 때	78

식당에서   81

러시아 음식	83
음식점 찾기	85
식당 예약하기와 안내 받기	87
식사 주문하기	89
웨이터의 도움이 필요할 때	92
음식값 지불하기	94
술 또는 차 마시기	96
패스트푸드점 이용하기	98

Contents

거리에서 101

관광 안내소 이용하기 103
길을 잃었을 때 105
장소를 물을 때 107

대중교통 이용하기 109

러시아 대중교통 수단 111
버스를 탈 때 112
지하철 탈 때 114
택시 탈 때 116
기차를 탈 때 118
배를 이용할 때 121
자동차를 탈 때 123

구경하기 127

모스크바에서 꼭 가봐야 하는 관광 명소 129
박물관과 전시회 관람하기 131
사진 촬영 133
공연 관람 135
레저 스포츠 즐기기와 관람 139

쇼핑하기　　　　　　　　　　　　　　　　143

　토속 상품점 찾기　　　　　　　　　　　145
　물건 값 깎기　　　　　　　　　　　　147
　물건 고르기　　　　　　　　　　　　148
　계산하기　　　　　　　　　　　　　　151
　쇼핑가 찾기　　　　　　　　　　　　153
　교환 및 환불하기　　　　　　　　　　155

소식 전하기　　　　　　　　　　　　　　157

　러시아에서 한국으로 전화하기　　　　159
　국제 전화 거는 방법　　　　　　　　160
　시내 전화 거는 방법　　　　　　　　162
　인터넷과 팩스 이용하기　　　　　　　165
　우편물　　　　　　　　　　　　　　　166

소지품을 분실했을 때　　　　　　　　　　169

　소지품을 분실했을 때　　　　　　　　171
　여권을 분실했을 때　　　　　　　　　172
　여행자 수표 및 카드를 분실했을 때　　173
　항공권을 분실했을 때　　　　　　　　174
　도난 · 분실 사고　　　　　　　　　　175

Contents

비상사태가 발생했을 때 — 177

도움 요청하기	179
교통사고를 당했을 때	181
병원 이용하기	183
약국에서	185

여행 필수 러시아어사전 ❶ — 187

수사	189	야채	200
요일	191	과일	201
달	192	생선	202
계절	193	고기	203
시간	194	조류	204
색깔	195	음료수	205
인칭 대명사	196	직업	206
의문사	197	표제와 간판	208
신체	198		

여행 필수 러시아어사전 ❷ — 211

러시아에 대한 간단한 지식

- 수도 : 모스크바
- 러시아 면적 : 1,708만 제곱킬로미터(한반도의 78배)
- 인종 : 러시아인이 82퍼센트를 차지함
- 주요 도시 : 상크트-뻬제르부르크, 니즈니노보고드트 등
- 인구 : 약 1억 4,400만 명
- 화폐 단위 : 루블
- 종교 : 러시아 정교, 이슬람교, 카톨릭, 개신교 등
- 언어 : 러시아어
- 기후 : 대륙성 기후(겨울 : 평균 영하 10~20도, 여름 : 평균 영상 20~30도)
- 시차 : 한국보다 6시간 늦음(기준 : 모스크바)

- 러시아인의 성향 : 다소 차가운 인상이 많아서 처음에는 다가가기 힘들기도 하고, 더욱이 언어 소통의 불편함으로 친해지는 데 시간이 오래 걸릴 수도 있으나, 한번 친해지면 의리를 중요하게 여기며, 깊게 사귀는 경향이 있다. 또한 다른 어느 나라 민족에 비해 문학과 예술에 대한 이해가 깊고 뛰어나며 그것을 즐길 줄 안다. 이 점을 생각한다면 러시아를 이해하는 데 상당한 도움이 될 것이다.

여행 짐 꾸리기

❈ **여권과 항공권** : 분실할 경우를 대비하여 앞면은 반드시 복사해 둔다.

❈ **비자**
1. 비자 신청할 때 구비할 서류
   1) 초청장
   2) 비자 신청서
   3) 여권(기간 만료 6개월 전)
   4) 반명함 사진 1장
   5) 인적 사항
   상용 비자나 유학 비자일 때 지정 병원에서 발급한 에이즈(AIDS) 검사증 첨부
2. 비자 발급 후 주의 사항
   비자를 발급받은 뒤 비자에 기재한 비자 기간, 영문 이름, 생년월일, 여권 번호를 반드시 확인해야 한다. 기재 내용이 틀리면 입국이 거부될 수도 있다. 관광 비자로 갈 때는 반드시 입국 목적란에 "관광"이라고 기록해야 한다.
   입국 후 3일 안에는 경찰서나 호텔에서 반드시 "거주 자등록" 신고를 해야 한다.

❈ **가방** : 관광이 목적일 때는 너무 무겁게 짐을 꾸리지 말고 간단하게 꼭 필요한 물건만 챙긴다.
❈ **의류** : 러시아 날씨는 겨울에는 한국에 비해 온도가 낮고 눈과 비가 많이 내리며 흐릴 때가 많다. 그러므

로 겨울에 가는 사람은 내복을 챙겨 입고, 장갑과 모자를 반드시 챙기도록 한다. 반면, 여름은 평균 영상 25~30도로 덥기 때문에 가벼운 옷차림이 좋겠으나, 일교차가 크므로 가벼운 가디건 종류를 준비한다. 러시아는 공연 문화가 발달하였으므로, 관람을 위해 정장 한 벌은 반드시 준비한다.

- **구급약** : 감기약, 멀미약, 두통약, 소화제, 알레르기약 등 평소에 복용하는 약을 준비한다.
- **개인 필수품** : 호텔에 구비되어 있지 않은 경우를 대비해서 칫솔, 치약, 비누, 샴푸, 면도기 등을 챙겨야 한다. 카메라 필름과 건전지 여분도 준비하고 국제 전화 카드도 미리 구입한다.
- **해외 여행 보험** : 여행 중 당할지도 모르는 불의의 사고를 대비해서 해외 여행 보험에 가입한다.
- **환전** : 출국 전에 한국에서 환전하며, 큰 돈과 작은 돈을 골고루 준비한다.

출국 절차

1 적어도 출발 2~3시간 전에는 공항에 도착한다.

2 출입국 카드를 작성하고 남자는 병무청에 병무 신고를 한다.

3 출입국 신고서, 여권과 비행기 표를 항공사 카운터에 보여주고 탑승 수속과 수하물을 체크한다.

4 공항 청사 안 은행 및 환전소에서 공항 이용권을 구입한다.

5 출국장에 가서 출국 게이트와 보안 검사대를 지나 보안 검사를 받는다.

6 여권, 탑승권, 출국 카드를 지참하고 출국 심사를 받는다.

7 탑승 게이트 번호를 확인하고 탑승한다.

기본의 기본

기본의 기본
인사하기

안녕하세요.
Здравствуйте.
즈드라스트부이찌에

안녕.
Привет.
쁘리비이엘

좋은 아침입니다
Доброе утро.
도브라예 우뜨라

좋은 오후입니다.
Добрый день.
도브리 지엔

좋은 저녁입니다.
Добрый вечер.
도브리 비에체르

좋은 밤입니다.
Добрая ночь.
도브라야 노치

어떻게 지내십니까?
Как вы поживаете?
까끄 브의 빠쥐바이쩨

어떻게 지내세요?
Как дела?
까그 질라

고맙습니다, 좋습니다.
Спасибо, хорошо.
스빠시바 하라쇼

나쁘다
плохо
쁠로하

나쁘지 않다
неплохо
니쁠로하

그럭저럭
так себе
딱 시비에

(당신, 여러분)을 만나서 기쁩니다.

Рад(а, ы) вас видеть.

라트(라다, 라듸) 바스 비제찌

(당신, 여러분)을 알게 되어서(만나서) 기쁩니다.

Рад(а, ы) с вами познакомиться.

라트(라다, 라듸) 스바미 빠즈나꼬미쨔

안녕히 계세요.

До свидания.

다 스비다니이야

모두 잘 되기길, 행운을 빌어요.

Всего доброго(хорошего).

프시보 도브라봐(하라쉐봐)

좋은 여행 하세요!

Счастливого пути!

솨슬리바봐 뿌찌

기본의 기본

언어 소통

당신은 러시아어를 합니까?

Вы говорите по- русски?

브의 가봐리쩨 빠루스끼

당신은 영어를 합니까?

Вы говорите по-английски?

브의 가봐리쩨 빠안글리스끼

나는 러시아를 합니다(못 합니다).

Я (не) говорю по-русски.

야 (니) 가봐류 빠루스끼

나는 영어를 합니다.

Я говорю по-английски.

야 가봐류 빠안글리스끼

당신은 나를 이해합니까?

Вы меня понимаете?

브의 미야 빠니마이쩨

나는 당신을 이해합니다(이해하지 못합니다).

Я вас (не) понимаю.

야 바스 (니) 빠니마유

조금 천천히 말해주세요.

Говорите пожалуйста медленнее.

가봐리쩨 빠좔~루스타 메들린네

고맙습니다.

Скажите пожалуйста, как сказать по-русски.

스까쥐쩨 빠좔~루스타 까크 스까자찌 빠루스끼

러시아어로 'спасибо' 입니다

По-русски это будет 'спасибо'.

빠루스끼 에타 부짓트 '스빠시빠'

써 주세요.

Напишете пожалуйста.

나삐쉬쩨 빠좔~루스타

우리는 통역이 필요합니다.

Нам нужен переводчик.

남 누~주엔 뻬리보치크

기본의 기본

나이와 가족

당신은 몇 년도에 태어났습니까?
В каком году вы родились?
프 까꼼 가두 브의 라질리시

나는 1985년도에 태어났습니다.
Я родился(-лась) в 1985году.
야 라질샤(라질라시) 프 틱샤지비쪼오트보심지시아트삐아땀 가두

당신은 몇 살입니까?
Сколько вам лет?
스꼴라 밤 레트

나는 21살입니다.
Мне 21год.
므녜 드바찌아트 아진 고트

나는 25살입니다.
Мне 25лет.
므녜 드바찌아트 삐아찌 리에트

당신은 결혼하셨습니까?
Вы женаты(замужем)?
브의 쥐이나트의(자무쥐엠)

나는 기혼 남성(여성)입니다.
Я женат(замужем).
야 쥐이나트(자무쥐엠)

미혼 남성(여성)입니다.
Я холост(не замужем).
야 할로스트(니 자므쥐엠)

당신에게 아이가 있습니까?
У вас есть дети?
우 바스 예스찌 졔찌

나는 아이 한 명이 있습니다.
У меня один ребёнок.
우미냐 아진 리뵤나크

나는 아이가 두 명 있습니다.
У меня двое детей.
우미냐 드보예 졔찌에이

기본의 기본

소개

인사하세요.

Познакомьтесь.

빠스나꼼쩨시

당신 이름은 무엇입니까?

Как вас зовут?

가스 바스 자부트

내 이름은 희수입니다.

Меня зовут ХиСУ.

민야 자부트 히수

당신은 어디에서 오셨습니까?

Откуда вы приехали?

알트꾸다 브의 쁘리예할리

나는 한국에서 왔습니다.

Я приехал(а) из Кореи.

야 쁘리예할(라) 이스 까레이

나는 서울에서 왔습니다.
Я приехал(а) из Сеула.
야 쁘리예할(라) 이스 시울라

나는 당신 나라(도시)에 처음 옵니다.
Я впервые в вашей стране(вашем городе).
야 프뼤에르브에 브 바쉐이 스트라녜(바쉬엠 고라졔)

나는 관광객입니다.
Я турист.
야 뚜리스트

나는 사업차 왔습니다.
Я приехал(а) по делам.
야 쁘리예할(라) 빠 쩰람

나는 초청으로 왔습니다.
Я приехал(а) по приглашению.
야 쁘리예할(라) 빠 쁘리글라쉐니유

비행기를 탔을 때

비행기를 탔을 때
내 자리 찾기

내 자리는 어디입니까?
Где моё место?
그졔 마요 메스따

이 자리는 제 자리인 것 같은데요.
Я думаю, что вы находитесь в моём месте.
야 두마유 쉬또 브의 나호지쩨시 브 마욤 메스쩨

제 자리입니다.
Это моё место.
에따 마요 메스따

미안하지만 이 자리는 비어 있습니까?
Извините меня, это свободное место?
이즈비니찌에 민야 에따 스바보드나예 메스따

제 일행과 함께 앉도록 자리를 옮겨도 될까요?

Я могу переместить моё место, чтобы сидеть с моим компаньоном?

야 마구 뻬리메스찌쯔 마요 메스따 쉬또브의 시제찌 스 마임 깜빠니온남

안으로 들어가도 될까요?

Могу я входить?

마구 야 브하지찌

창가 쪽에 앉아도 될까요?

Могу я сидеть у окна?

마구 야 시졔찌 우 아끄나

담요와 베개를 주세요.

Дайте пожалуйста одеяло и подушку.

다이찌에 빠좔~루스타 아졔얄로 이 빠두쉬꾸

자리를 눕힐 수 있도록 도와 주세요.

Помогите пожалуйста откинуть кресло.

빠마기쩨 빠좔~루스타 아트끼누찌 끄례슬라

좌석을 똑바로 세우고 싶습니다.

Я хочу сидеть вертикально.

야 하추 시졔찌 베르찌깔나

담배 피워도 될까요?
Могу я курить?

마구 야 꾸리찌

비행기를 탔을 때

주위 승객이 불편을 끼칠 때

당신 자리가 너무 뒤로 젖혀졌습니다.
Ваше место слишком далеко вернулось.

빠쉐 메스따 슬리쉬깜 달레꼬 베르눌라시

뒤쪽 아이가 발로 등받이를 차네요.
Ребёнок позади меня пинает заднюю часть моего места.

리뵤나크 빠자지 민야 삐나에트 자드뉴유 차스찌 마예봐 메스따

매우 시끄럽습니다.
Слишком шумно.

슬리쉬깜 슘나

자리를 옮겨도 될까요?
Могу я изменить моё место.

마구 야 이즈미니찌 마요 메스따

비행기를 탔을 때

기내 서비스 받기와 승무원에게 부탁하기

물 한 잔 주세요.
Дайте мне, пожалуйста, воды.
다이쩨 므녜 빠좔~루스타 봐딕

주스 한 잔 주세요.
Дайте мне, пожалуйста, стакан сока.
다이쩨 므녜 빠좔~루스타 스따칸 쏙까

커피 한 잔 주세요.
Дайте мне, пожалуйста, чашку кофе.
다이쩨 므녜 빠좔~루스타 차쉬꾸 꼬폐

맥주 한 병 주세요.
Дайте мне, пожалуйста, бутылку пива.
다이쩨 므녜 빠좔~루스타 브띄의일꾸 삐봐

설탕과 크림을 주세요.
Пожалуйта, сахару и словок.
빠좔~루스타 싸하루 이 슬리복크

난 닭고기(생선)를 먹고 싶은데요.
Я хотел бы съесть курицу(рыбу).
야 할젤 브의 스예스찌 꾸리쭈(릐 부)

지금은 배가 고프지 않네요.
Я не хочу есть теперь.
야 니 하추 예스찌 찌뻬리

소화제를 주세요.
Дайте, пожалуйста, пищеварительное средство.
다이쩨 빠좔~루스타 삐쉐바리찌엘나에 스레트스트봐

노트북을 사용해도 될까요?
Я могу использаваться моим портативным компютером?
야 마구 이스뽈라자봐쨔 마임 빠르따찌브늬m 깜퓨쩨람

지금 우리는 어디를 날고 있습니까?
Где мы сейчас летим?
그졔 므의 시이차스 리찜

언제 착륙합니까?
Когда мы должны приземлиться?
까그다 므의 달줴늬 쁘리지믈리쨔

한국 신문이 있습니까?
У вас есть газета на корейском языке?
우 바스 예스찌 가졔따 나 까레스깜 이즈이꼐

서류 쓰는 법을 가르쳐 주세요.
Покажите как заполняться эта форма.
빠까쥐이찌에 까크 자뽈냐쨔 에따 포르마

비행기를 탔을 때

기내 면세품 사기

면세품을 판매하고 있습니까?

Вы продаёте бесполшлинные товары на ботру?

브의 쁘라다요쩨 베스뽈쉴린늬에 따봐릐 나 보르뚜

어떤 향수가 있나요?

Какие у вас духи?

까끼에 우 봐스 두히

더 싼 것이 있습니까?

У вас есть подешевле?

우 봐스 예스찌 빠지쉬에블레

얼마에요?

Сколько стоит?

스꼴까 스또이트

신용 카드로 지불할 수 있습니까?

Можно платить кредитными карточками?

모즈나 쁠라찌쯔 끄레지트늬미 까르또치까미

비행기를 탔을 때
몸 상태가 좋지 않을 때

몸이 좋지 않습니다.
Я чувствую неважно.
야 추스트부유 니 봐아즈나

열이 있습니다.
У меня жар.
우 민야 좌~아르

머리가 아픕니다.
У меня болит голова.
우 민야 발리트 갈라봐

현기증이 납니다.
У меня головокружение.
우 민야 갈라봐끄루줸 니예

귀가 아픕니다.
У меня болят уши.
우 민야 발럇트 우쉬의

멀미가 납니다.

Меня тошнит.

민야 따쉬니트

몸 상태가 좋지 않습니다.

Мне плохо.

므니에 쁠로하

멀미 봉투를 주세요.

Дайте, пожалуйтса, гигиенический пакет.

다이쩨 빠좔~루스타 기기에니체스끼이 빠꼐트

멀미약을 주세요.

Дайте, пожалуйста аэрон.

다이쩨 빠좔~루스타 아에론

두통약이 필요합니다.

Мне нужно лекарство для головной боли.

므녜 누즈나 리까르스트바 들야 갈라브노이 볼리

비행기를 탔을 때

입국 신고서 작성

입국 카드를 주세요.

Дайте, пожалуйста, карточку прибытия.

다이쩨 빠좌~알스타 까르또스꾸 쁘리브의찌야

서류 쓰는 법을 가르쳐 주세요.

Покажите как заполняться эта форма.

빠까쥐의쩨 까크 자뽈냐쨔 에따 포르마

펜이 있습니까?

У вас есть ручка?

우 바스 예스찌 루치까

도와 주셔서 감사합니다.

Спасибо за помощь.

스빠시바 자 뽀마쉬이

공항에
도착해서

러시아 공항

러시아 국제 공항으로는 "쉐르메쩨보-2"가 주로 이용되며, 국내선이나 CIS 지역을 연결하는 공항으로는 "부누코바", "도마제도바", "쉐르메쩨보 1" 등이 있다.
공항에서 시내 중심가까지는 약 1시간 정도가 소요된다.

입국 심사

비행기가 착륙하기 전 기내에서 승무원이 나눠준 입국 카드를 작성하고 여권, 항공권, 입국 신고서를 제출하여 입국 심사를 받고 수하물을 찾는다. 수하물을 찾으면 세관 신고서를 작성하여 세관 심사를 받는다.

공항에 도착해서
다른 비행기로 갈아탈 때

항공사 카운터는 어디에 위치하고 있습니까?
Где находится касса авиакомпании?
그졔 나호짓찌아 까사 아비아깜빠니이

나는 '상크트-뻬쩨르부르크'로 가야만 합니다.
Мне нужно лететь в 'Санкт-Петербург'.
므녜 누즈나 리찌쯔 프 '상크트-뻬쩨르부르크'

여기서 얼마나 체류합니까?
Как долго я останусь здесь?
까크 돌가 야 아스타누스 즈졔시

파리로 가는 다음 비행기는 언제 있습니까?
Когда следующий рейс в Париж?
까그다 슬레두유쉬이 레이스 프 빠리쉬

칼 98편은 언제 출발합니까?
Когда отправляется рейс КАЛ № 98?
까그다 아트쁘라블랴옛쯔아 레이스 칼 노메르 지비노스타 보심

98편으로 파리 비행기 표 하나 주세요.

Мне, пожалуйста, билет на самолёт до Парижа КАЛ рейс 98- КАЛ №.

므녜 빠좔~루스타 빌리에트 나 싸말리오트 다 빠리좌 깔 노메르 지비노스 타 보심

공항에 도착해서
입국 심사대에서

입국 심사는 어디서 합니까?
Где паспортный контроль?
그제 빠스뽀르트늬이 깐뜨롤

나의 여권과 비자입니다.
Вот мой паспорт и моя виза.
보트 모이 빠스뽀르트 이 마야 비이자

여행 목적은 무엇입니까?
Какова цель вашей поездки?
까꼬봐 쩰 봐쉐이 빠이에스끼

나의 여행 목적은 사업입니다.
Цель моей поездки доловая.
쩰 마예이 빠이에스끼 젤라봐야

나의 여행 목적은 관광입니다.
Цель моей поездки туризм.
쩰 마예이 빠이에스끼 뚜리즘

얼마 동안 당신은 모스크바에 머물 예정입니까?

Как долго вы планируете пробыть в Москве?

까끄 돌가 븨의 쁠라니루에쩨 쁘라브의찌 브 마스크베

나는 5일 동안 머물 예정입니다.

Я планирую пробыть 5дней.

야 쁠라니루유 쁘라브의찌 뻬아찌 드녜이

어디에 머물 것입니까?

Где вы остановитесь?

그졔 븨의 아스따나븨이쩨시

나는 호텔에 머물 것입니다.

Я остановлюсь в гостинице.

야 아스따나블유시 브 가스찌니쩨에

당신은 왕복 항공권이 있습니까?

У вас есть обратный билет на самолёт?

우 봐스 예스찌 아브라트늬이 빌리에트 나 싸말료트

예, 나는 왕복 항공권이 있습니다.

Да, у меня есть обратный билет на самолёт.

다 우 민야 예스찌 아브라트느의 빌리에트 나 싸말료트

공항에 도착해서

짐을 찾을 수 없을 때

수하물은 어디서 받습니까?
Где можно получить багаж?
그졔 모즈나 빨루치찌 바가쉬

제 짐을 주세요.
Выдайте, пожалуйста, мой багаж.
브의다이쩨 빠좔~루스타 모이 바가쉬

제 짐을 찾을 수 없습니다.
Я не могу найти свой багож.
야 니 마구 나이찌 스보이 바가쉬

제 짐 표입니다.
Вот моя квитанция.
보트 마야 크비딴찌야

나는 칼 189편으로 도착했습니다.
Я прибыл рейсом КАЛ-198.
야 쁘리브의일 레이삼 칼-스토지비노스타보심

바로 제 짐입니다.

Вот мой багаж.

보트 마이 바가쉬

공항에 도착해서

세관을 통과할 때

세관 신고서가 필요합니다.
Мне нужен бланк таможенной декларации.

므니에 누쥐엔 블란크 따모쥐엔나야 졔끌라라찌이

신고할 물건이 있습니까?
У вас предметы подлежащие декларированию?

우 봐스 쁘리에드메트의 빠들에좌아쉬이 졔끌라리라반뉴

예, 있습니다(없습니다).
Да, есть(нет).

다 예스찌(네트)

이것은 무엇입니까?
Что это такое?

쉬토 에따 따꼬예

수입 허가증이 있습니다.
У меня лецензия на ввоз.

우 민야 리찌엔지야 나 브보스

55

이것은 일상 소지품입니다.

Это мои личные вещи.

에따 마이 리치니의에 볘쉬의

이것은 여자 친구를 위한 선물입니다.

Это подарок для подруги.

에따 빠다로크 들야 빠드루기

나에게는 100불이 있습니다.

У меня 100 долларов.

우 민야 스또 돌라라프

보드카 두 병이 있습니다.

У меня две бутылки водки.

우 민야 드볘 부트윌끼 보트끼

나는 관세를 내야 합니까?

Я должен заплатить таможенную полшлину?

야 돌젠 자쁠라찌즈 따모쥐엔누유 뽈쉴린누

당신은 지불해야만 합니다.

Вам нужно платить.

밤 누즈나 쁠라찌쯔

좋습니다. 가셔도 됩니다(통과하셔도 됩니다).

Хорошо. Проходите.

하라쇼 쁘라하지쩨

공항에 도착해서

환전할 때

환전소는 어디에 있습니까?
Где находится обменный пункт?
그계 나호짓찌야 아브멘늬이 뿐크트

당신은 여행자 수표를 바꾸시겠습니까?
Вы обмениваете дорожные чеки?
븨의 아브메니봐예쩨 다로즈늬에 체키

환전해 주세요.
Обменяйте, пожалуйста, мне денги.
아브메냐이쩨 빠좔~루스타 므녜 젱기

달러 환율은 얼마인가요?
Какой курс обмена долларов?
까꼬이 꾸르스 아브몌나 돌라라프

수수료는 얼마인가요?
Каков размер комиссионных?
까꼬프 라스메르 까미시온늬흐

얼마를 환전하실 겁니까?

Сколько вам обменять?

스꼴라 밤 아브메냐찌

100불을 환전해 주세요.

Обменяйте мне сто долларов.

아브메냐이쩨 므니에 스또 돌라라프

50불을 5불씩 잔돈으로 바꿔주실 수 있나요?

Вы можете разменять 100 долларов по 10 долларов и мельче?

븨의 모제쩨 라즈메냐찌 스또 돌라라프 빠 지샤찌 돌라라프 이 몔체

바로 여기에 여권과 세관 신고서가 있습니다.

Вот паспорт и таможенная декларация.

보트 빠스뽀르트 이 따모줴엔나야 계끌라라찌야

공항에 도착해서

공항에서 목적지까지 가는 방법

관광 안내소는 어디입니까?
Где бюро туристический информации?
그졔 뷰로 뚜리스찌체스끼이 인포르마찌이

시내로 가는 버스가 있습니까?
Есть здесь автобус в город?
예스찌 즈졔시 아프토브스 브 고라트

택시 정류장은 어디입니까?
Где стоянка такси?
그졔 스타얀까 딱시

여기에서 호텔을 예약할 수 있습니까?
Можно ли здесь заказать номер в отеле?
모즈나 리 즈졔시 자까자찌 노메르 바트젤

여기에서 렌터카를 예약할 수 있습니까?
Можно ли здесь арендовать автомобиль?
모즈나 리 즈졔시 아렌다바찌 아프토마빌

59

포터를 불러 주세요.
Позовите носильщика.
빠자비쩨 나실쉬까

이 짐을 택시 정류장까지 운반해 주세요.
Отнесите этот багаж к стоянке такси.
아트네시쩨 에타트 바가쉬 크 스따얀께 딱시

'메즈드나로드나야' 호텔까지 나를 데려다 주세요.
Отвезите меня в отдель(гостиницу) 'Международная'.
아트비지쩨 민야 바트젤(가스찌니쭈) '메즈두나로드나야'

이 주소로 나를 데려다 주세요.
Отвезите меня по этому адресу.
아트비지쩨 민야 빠 에따무 아드레수

이 버스는 '팔레스' 호텔까지 갑니까?
Идёт ли этот автобус до отделя 'Палес'?
이죳트 리 에타트 아프또브스 다 아트젤랴 '빨레스'

표는 어디서 삽니까?
Где можно купить билет?
그졔 모즈나 꾸삐찌 빌리에트

표는 얼마입니까?

Сколько стоит билет?

쓰꼴까 스또이트 빌리에트

러시아 호텔

객실을 확보하기 힘들므로 반드시 예약을 해야 하며 호텔 체크인 시 여권을 지참해야 한다. 가격에 비해 내부는 상당히 노후하고 서비스도 열악하다. 서방의 합작 호텔에서는 보다 나은 서비스를 받을 수 있지만 가격이 매우 비싸다.

이런 점들 때문에 최근에는 방문객들이 민박을 많이 이용한다. 한국인들이 운영하는 민박에서는 한국 음식도 먹을 수 있다. 예약은 인터넷 등으로 할 수 있다.

* 숙박료
민박 : 1인 1실 US$ 50
1~3급 호텔 : 1인 1실 US$ 80~100
특급 호텔 : 1실 1일 US$ 150~250

숙소에서

숙소 구하기

이 호텔은 어디에 있습니까?

Где находится эта гостиница?

그졔 나호짓찌아 에따 가스찌니짜

시내 중심가에서 멀지 않은 호텔이어야만 합니다.

Мне нужна гостиница недалеко от центра города.

므녜 누즈나 가스찌니짜 니달리꼬 아트 찌엔트라 고라다

좀 싼 호텔은 없습니까?

Есть ли гостиница подешевле.

예스찌 리 가스찌니짜 빠지쉬에블레

다른 호텔을 소개시켜 주실 수 있습니까?

Не могли бы вы порекомендовать другой отель?

니 말글리 브의 븨의 빠리까멘다봐찌 드루고이 앗트젤

이 호텔 방을 예약해 주세요.

Забронируейте, пожалуйста номер в этой гостинице.

자브로니루이쩨 빠좔~루스타 노메르 베타이 가스찌니쩨

하루에 얼마입니까?

Сколько стоит номер в сутки?

스꼴라 스또이트 노메르 프 수트끼

숙소에서

호텔 예약 및 체크인

영어 할 수 있는 사람 있습니까?

здесть кто-небудь говорит по-английски?

즈제시 크토-니부찌 가봐리트 빠-안글리스끼

내 성은 이 씨입니다.

Моя фамилия Ли.

마야 화밀리야 리

예약했습니다.

Я забронировал(а) номер.

야 자브로니라봘(라)노메르

여권 부탁합니다.

Паспорт, пожалуйста.

빠스뽀르트 빠좔~루스타

빈 방이 있습니까?

Есть свободные номора?

예스찌 스봐보드늬에 노메라

오늘 밤 머무를 수 있습니까?
Можно остановиться на ночь?
모즈나 아스타나비찌아 나 노치

방값은 얼마입니까?
Сколко стоит номер?
스꼴까 스토이트 노메르

좀 더 싼 방은 없습니까?
Есть ли номер подешевле?
예스찌 리 노메르 빠지쉬에블레

조용한 방을 원하는데요.
Я хотел бы тихую комнату.
야 하쩰 브의 찌후유 꼼나뚜

지금 바로 들어 갈 수 있습니까?
Можно вселиться сейчас.
모즈나 프쎌리찌아 시이차스

나는 1인실이 필요합니다.
Мне нужен номер одноместный.
므녜 누젠 노메르 안나메스늬이

2인실이 필요합니다.
Мне нужен номер двухместный.
므녜 누젠 노메르 드부흐메스늬이

방을 볼 수 있습니까?
Могу ли я посмотреть номер?
마구 리 야 빠스마뜨례찌 노메르

3일 정도 머물 생각입니다.
Я думаю остановиться на три дня.
야 두마유 아스타나비찌아 나 뜨리 드냐

용지에 기입해 주세요.
Заполните пожалуйста эти бланки.
자뽈니쩨 빠좔~루스타 에찌 블란끼

여기에 사인해 주세요.
Подпишите здесь пожалуйста.
빠트삐쉬이쩨 즈졔시 빠좔~루스타

자, 여기 열쇠에 있습니다.
Вот ваш ключ.
보트 봐쉬 클류치

체크 아웃 시간은 언제입니까?
Когда расчетный час?
까그다 라숏트늬의이 촤스

하루 더 묵고 싶습니다.
Я хочу пробыть ещё одни сутки.
야 하추 쁘라브의찌 잇쇼 아드니 수트끼

숙소에서
룸 서비스 받는 요령

508호실인데요, 내일 아침 식사를 방에서 할 수 있을까요?

Это номер 508. Я мог(ла)бы завтра позавтракать в номере?

에타 노메르 뻿쏘트보심. 야 모크(마글라) 브이 자프트라 빠자프트라까쯔 브 노메르

무엇을 준비해 드릴까요?

Что вам приготовить?

쉬또 밤 쁘리가또비찌

토스트와 커피 2인분 부탁합니다.

Тост и кофе. Две порции пожалуйста.

또스트 이 꼬페. 드베 뽀르찌이 빠좔~루스타

7시에 깨워 주세요.

Разбудите, пожалуйста, в 7часов.

라즈부지쩨 빠좔~루스타 프 셈 치소프

베개와 이불을 갖다 주세요.

Принесите, пожалуйста, подушку и одеяло.

쁘리네시쩨 빠좔~루스타 빠두쉬꾸 이 아곌알로

뜨거운 물을 갖다 주세요.

Принесите мне, пожалуйста, кипятка.

쁘리네시쩨 므녜 빠좔~루스타 끼뺘트까

얼음과 물을 갖다 주세요.

Принесите мне, пожалуйста, льда и воды.

쁘리네시쩨 므녜 빠좔~루스타 리다 이 봐듸

한국에 어떻게 전화하는지 알려주세요.

Скажите пожалуйста, как позвонить в Корею?

스까쥐이쩨 빠좔~루스타 까크 빠즈봐니찌 프 까례유

숙소에서
호텔 편의시설 이용하기

귀중품을 보관소에 맡길 수 있습니까?
Можно оставить ценные веши в сейфе?
모즈나 아스타비찌 쩬늬에 볘쉬 브 세이풰

세탁을 부탁합니다.
Прошу вас вещи почистить.
쁘라쉬 봐스 볘쉬의 빠치스찌쯔

이 와이셔츠를 다려 주세요.
Погладьте эти рубашки.
빠글라지쩨 에찌 루바쉬끼

언제 다 됩니까?
Когда будет готово?
까그다 부짓트 가또봐

내일까지 됩니까?
Завтра будет готово?
자프뜨라 부짓트 가또봐

방 열쇠를 주세요.

Дайте пожалуйста, ключ от номера.

다이쩨 빠좔~루스타 클류치 앗트 노메라

열쇠를 방에 놓아 두었습니다.

Я забыл(а) ключ от номера в номере.

야 자브일(자브일라) 클류치 앗트 노메라 브 노메레

나에게 온 편지가 없습니까?

Нет ли для меня письма?

녜트 리 들야 민야 삐스마

나를 찾지 않았습니까?

Меня не спрашивали?

민야 니 스쁘라쉬발리

누군가가 나를 찾으면 나는 5시 이후에 올 겁니다.

Если меня спрашивают, я буду после 5часов.

예슬리 민야 스쁘라쉬봐유트 야 부두 뽀슬레 삐아찌 치소프

이발과 면도를 해 주세요.

Постригите и побрейте пожалуйста.

빠스트리기쩨 이 빠브레이쩨 빠좔~루스타

조금 짧게 잘라 주세요.

Покороче, пожалуйста.

빠까로체 빠좔~루스타

샴푸와 드라이를 해 주세요.

Шампунь и укладку пожалуйста.

샴뿐 이 우클라트꾸 빠좔~루스타

숙소에서

문제가 생겼을 때

나는 방을 바꾸고 싶습니다.

Я хочу поменять комнату.

야 하추 빠미냐찌 꼼나뚜

방이 너무 시끄럽네요.

Эта комната слишком шумная.

에따 꼼나따 슬리쉬깜 슘나야

열쇠를 방에 두고 나왔습니다.

Я оставил ключ в номере.

야 아스따빌 클류치 브 노메레

온수가 나오지 않습니다.

У меня в номере нет горячей воды.

우 민야 브 노메레 녜트 가랴체이 바듸

에어컨이 작동하지 않습니다.

У меня в номере не работает кондиционер.

우 민야 브 노메레 니 라보따이트 깐지찌아녜르

비누가 없네요.

Здесь нет мыла.

즈제시 녜트 므일라

전등이 나갔네요.

В моём номере перегорела лампочку.

브 마욤 노메레 뻬리가렐라 람빠치꾸

숙소에서

체크아웃할 때

체크아웃하고 싶습니다.

Я хочу расчитаться.

야 하추 라쉬이따찌아

나는 오늘(내일) 아침 7시에 떠납니다.

Я уежаю сегодня(завтра) в 7часов утра.

야 우에좌유 시보드냐(자프트라) 브 셈 치소프 우뜨라

체크아웃하고 싶습니다.

Я хочу расчитаться.

야 하추 라쉬이따찌아

영수증 부탁합니다.

Счёт, пожалуйста.

숏트 빠좔~루스타

여행자 수표도 받습니까?

Вы принимаете дорожные чеки?

븨의 쁘리니마에쩨 다로즈늬에 체끼

택시를 불러주세요.
Вызовите, пожалуйста, таски.
븨의자비쩨 빠좔~루스타 딱시

짐을 맡아 주세요.
Придержите багаж.
쁘리제르쥐의쩨 바가쉬

언제 공항 버스가 떠납니까?
Когда отходит автобус до аэропорта?
까그다 아트호지트 아프토부스 다 아에라쁘르따

식당에서

러시아 음식

러시아 음식은 소박하며 영양을 중요시한다. 물론, 예전 귀족 계급이 먹던 현란한 요리도 있지만, 주로 소박하고 단조로운 농민 음식이 주를 이룬다.

러시아 전통 음식은 흑빵(호밀로 만든 시큼한 맛이 나는 빵), 까쉬아(곡물을 갈아 만든 죽), 쉬이(양배추를 잘게 썰어 넣은 스프) 등이 있다. 러시아인들은 맥아를 발효시켜 만든 크바스와 차를 음료수로 즐겨 마신다.

러시아 풀 코스 요리는 보통 다음과 같은 메뉴로 이루어진다.
1. 전채 요리(자꾸스까) : 캐비어, 각종 냉육, 야채 샐러드
2. 스프 : 양배추 스프(쉬이), 고기와 야채를 넣은 스프(보르쉬이)
3. 육류나 생선 요리: 소고기, 돼지고기, 꼬치요리(샤아슬릭크) 등
4. 디저트 : 파이, 케이크(또르트), 차(차이), 과일 주스(깜뽀트) 등

러시아인의 주식은 빵이다. 러시아 사람들은 주로 호밀로 만든 흑빵과 밀로 만든 흰 빵을 먹는다. 흑빵은 시큼한 맛이 나고 질감이 부드럽지 않지만 건강을 생각해서 많이

먹는 편이다.

러시아 일상 음식 가운데 대중적인 것은 블린(팬케이크)이다. 블린은 동그란 모양으로 "태양"을 상징하며 겨울을 보내는 "마슬리짜"라는 축제 기간에 필수적으로 먹는 음식이지만, 만들기 쉽고 맛도 좋기 때문에 평상시에도 주로 만들어 먹는다.

러시아의 대표적인 길거리 음식은 블린과 삐록이다. 삐록은 야채나 고기 등을 넣어서 만드는 큰 만두 모양의 파이를 말한다.

러시아인들은 차를 거의 하루종일 마신다. 먹는 방법도 조금 특이하다. 잼이나 각설탕을 먼저 한 입 먹고 아무것도 넣지 않은 차를 한 모금 마신다. 이것은 추운 겨울 날씨를 이길 때 뿐 아니라 감기에 걸렸을 때도 권하는 방법이다.

러시아의 대표적인 술은 보트카이다. "러시아인들은 '보트카' 없이는 살 수 없다."는 말이 있듯이 러시아에서 가장 많이 애용하는 알코올 음료이다. 보트카는 알코올 성분이 40퍼센트 이상이나 된다. 러시아인들은 아주 추운 겨울에는 보드카와 돼지 비계를 먹는다.

식당에서

음식점 찾기

이 근처에 좋은 식당을 가르쳐 주시겠습니까?
Не могли бы вы порекомендовать ближайший хороший ресторан?
니 마글리 브의 븨 빠리까몐다봐찌 블리좌이쉬의이 하로쉬이 레스타란

비싸지 않고 조용한 식당을 추천해 주시겠습니까?
Вы можете порекомендовать мне недорогой и тихий ресторан?
브의 모제쩨 빠리까멘타봐찌 므녜 니다라고이 이 찌히이 레스타란

이 지역의 명물 요리를 먹고 싶은데요.
Я хотел бы попробовать лучшее местное блюдо.
야 하쩰 브의 빠쁘로바봐찌 루쉬예 미에스나에 블류다

여기 이 근처에 한국 식당이 있습니까?
Есть ли здесь неподалеку корейский ресторан?
예쓰찌 리 즈제시 니빠달레꾸 까레이스끼이 레스타란

85

식당은 어디에 있습니까?

Где находится ресторан?

그졔 나호짓찌아 레스타란

언제 문을 엽니까(닫습니까)?

Когда открывается(закрывается) ресторан?

까그다 아트끄릐 봐이찌아(자끄릐 봐이찌아) 레스타란

식당에서

식당 예약하기와 안내 받기

예약을 해 주시겠습니까?
Не могли бы вы заказать для меня места?
니 마글리 브의 븨의 자까자쯔 들야 민야 몌스따

8시에 두 자리 부탁합니다.
столик на двоих на 8часов.
쓰똘릭크 나 드봐이흐 나 보심 치소프

창가 쪽에 앉고 싶은데요.
Мы хотели бы сесть у окна.
므니에 하쩰리 브의 쎼스찌 우 아끄나

예약자 이 씨입니다.
У меня заказ(Ли).
우 민야 자까스(리)

몇 명입니까?
Сколько вас?
스꼴까 봐스

87

세 명입니다.

Нас трое.

나스 뜨로예

금연석을 원합니다.

Мы хотим места для некуряших.

므의 하찜 메스타 들야 니꾸리아쉬이흐

식당에서
식사 주문하기

메뉴판 부탁합니다.
Меню пожалуйста.
미에뉴 빠좔~루스타

영어 메뉴판 있습니까?
Есть ли у вас меню на английском?
예쓰찌 리 우 봐스 미에뉴 나 안글리스끼이

여기 특별 요리는 무엇입니까?
Какое у вас фирменное блюдо?
까꼬예 우 봐스 피르멘 나에 블류다

식사 전에 술을 마시고 싶은데요.
Мы хотели бы выпить перед ужином.
므의 하쩰리 브의 뷔의뻬찌 뻬레트 우쥐이남

전채로 샐러드, 캐비어, 보드카 500그램 주세요.

Дайте, пожалуйста, на закуску салат, икру, 500грамм водки.

다이쩨 빠좔~루스타 나 자꾸스꾸 쌀라트, 이끄루 뻬쪼오트 그람 보트끼

아직 선택하지 못했습니다.

Мы ещё не выбрали.

므의 잇쇼 니 뷔의브랄리

고기 음식 중에 무엇을 추천해 주시겠습니까?

Что вы можете порекомендовать из мясных блюда?

쉬또 뷔의 모쥐에쩨 빠리까미엔다봐찌 이즈 먀스늬흐 블류다

저희 식당은 쇠고기 스테이크를 잘 합니다.

У нас хорошо готовят бифштекс.

우 바스 하라쇼 가또비아뜨 비프쉬떽스

쇠고기 스테이크 부탁합니다.

Мне бифштекс, пожалуйста.

므니에 비프쉬떽스 빠좔~루스타

나는 조금 덜 구워진 스테이크를 좋아합니다.

Я люблю бифштекс немного недожаренный.

야 류블유 비프쉬떽스 니므노가 니다좌렌늬의이

후식으로는 무엇을 드시겠습니까?

Что вы хотите на десерт?

쉬또 븨의 하찌쩨 나 지쎄르트

음료는 무엇을 하시겠습니까?

Что вы будете пить?

쉬또 븨의 부지쩨 삐찌

커피와 아이스크림을 주세요.

Кофе и мороженое, пожалуйста.

코페 이 마로쥐에나에 빠좔~루스타

적포도주 한 병 주세요.

Бутылку красного вина, пожалуйста.

부트일꾸 끄라스나봐 븨나 빠좔~루스타

즐거운 식사하세요.

Приятного аппетита.

쁘리야뜨나봐 아뻬찌따

식당에서

웨이터의 도움이 필요할 때

포도주 잔을 하나 더 갖다 주세요.
Принесите, пожалуйста, ещё один фужер.
쁘리네시쩨 빠좔~루스타 잇쇼 아진 푸쥐에르

버터와 치즈를 갖다 주세요.
Принесите нам , пожалуйста, масло и сыр.
쁘리네씨쩨 남 빠좔~루스타 마슬라 이 씨의르

냅킨을 갖다 주세요.
Принесите, пожалуйста, ещё салфетку.
쁘리네씨쩨 빠좔~루스타 잇쇼 쌀뻬트꾸

소금(후추) 주세요.
Соль(перец), пожалуйста.
쏠(뻬에레쯔) 빠좔~루스타

물 주세요.
Воды, пожалуйста.
봐디 빠좔~루스따

이것을 예약하지 않았습니다.
Мы этого не заказывали.

므의 에따봐 니 자까즤발리

이것을 바꿀 수 있습니까?
Это можно заменить?

에따 모즈나 자메니찌

너무 짭니다.
Это блюдо пересолёно.

에따 블류다 뻬리쌀룐나

덜 구워졌습니다.
Это блюдо недожарено.

에따 블류다 니다좌렌나

식당에서
음식값 지불하기

음식이 맘에 듭니다.
Мне нравится ваша кухня.
므니에 느라비찌아 봐쉬야 꾸흐니아

매우 맛있었습니다.
Было очень вкусно.
븨일라 오친 브꾸스나

영수증 부탁합니다.
Счёт, пожалуйста.
숏트 빠좔~루스타

따로 계산해 주세요.
Посчитайте, пожалуйста, отдельно.
빠쉬이따이쩨 빠좔~루스타, 앗젤나

신용 카드를 받습니까?
Вы принимаете кредитную карточку?
븨이 쁘리니마에쩨 끄레지뜨누유 까르또치꾸

여행자 수표로 지불해도 됩니까?
Можно ли оплатить дорожными чеками.
모즈나 리 아쁠라찌쯔 다로쥐늬미 체까미

잔돈은 당신이 가지세요.
Сдачи вам.
즈다치 밤

제가 대접하겠습니다.
Я угощу.
야 우가슈

식당에서
술 또는 차 마시기

어디에서 물(주스, 맥주)을 마실 수 있나요?

Где можно выпить воды(сока, пива)?

그지에 모즈나 븨의삐찌 봐듸(소까, 삐봐)

이 지방의 와인을 마시고 싶은데요.

Я хотел бы попробовать месное вино.

야 하쩰 브의 빠쁘로바봐찌 메스나에 비노

저도 같은 걸로 주세요.

Я буду то же самое.

야 부두 또 줴에 싸마에

맥주를 갖다 주세요.

Принесите, пожалуйста, пива.

쁘리녜씨쩨 빠좔~루스타 삐봐

밀크 커피 두 잔 주세요.

Дайте, пожалуйста, две чашки кофе с молоком.

다이쩨 빠좌~알스타 드비에 차쉬끼 코폐 스 말라꼼

레몬 홍차 부탁합니다.
Стакан чая с лимоном, пожалуйста.
스따깐 차야 스 리몬남 빠좔~루스따

오렌지 주스 한 잔 갖다 주세요.
Принесите, пожалуйста, стакан апельсинового сока.
쁘리네씨쩨 빠좔~루스따 스따깐 아뻴씬나봐 쏘까

식당에서

패스트푸드점 이용하기

간단하게 먹고 싶은데요.

Мы хотели бы быстро перекусить.

므의 하쩰리 브의 븨스뜨라 뻬리꾸시쯔

핫도그 2개 주세요.

Дайте, пожалуйста, две булочки с горячей сосиской.

다이쩨 빠좔~루스타 드베 블로치끼 스 가리아체이 싸씨스까이

치즈 샌드위치와 코카콜라 부탁합니다.

Пожалуйста, сандвич с сыром и кока-колу.

빠좔~루스따 싼드븨치 스 씨의람 이 꼬까-꼴루

가져 가실 겁니까?

Возьмёте с собой?

봐즈묘쩨 쓰 싸보이

가져 가겠습니다.
Я возьму с собой.
야 봐즈무 쓰 싸보이

거리에서

거리에서

관광 안내소 이용하기

관광 안내소는 어디입니까?
Где бюро туристической информации?

그졔 뷰로 뚜리스찌체스까이 인포르마찌이

도시 안내 책자가 필요합니다.
Мне нужна туристическая брошюра по городу.

므녜 누즈나 뚜리스찌체스까야 브로슈라 빠 고다두

시내 지도가 있습니까?
Есть ли у вас карта города?

예스찌 리 우 봐스 까르따 고라다

한국어 가이드가 필요합니다.
Мне нужно корескоговорящий гид.

므니에 누즈나 까레쓰까가봐랴쉬이 기트

하루에 얼마입니까?
Сколько стоит в день?

스꼴까 스토이트 브 젠

거리에서
길을 잃었을 때

나는 외국인입니다.
Я иностранец.
야 인나스트라니에쯔

길을 잃었습니다.
Я заблудился(забуудилась).
야 자블루질샤(자블루질라스)

푸쉬킨 거리를 찾고 있습니다.
Мы ищем улицу Пушкинской.
므의 이쉬엠 울리쭈 뿌쉬낀스까이

지도에서 보여주세요.
Покажите мне это на плане.
빠까쥐이쩨 므녜 에따 나 쁠라니에

주소를 써 주세요.
Напишите, пожалуйста, адрес.
나삐쉬이쩨 빠좔~루스타 아드레스

멉니다.
Это далеко.
에따 달리꼬

가깝습니다.
Это близко.
에따 블리스까

걸어서 멀리 갑니까?
Это далеко пешком?
에따 달리꼬 뻬쉬꼼

거리에서
장소를 물을 때

발쇼이 극장은 어디에 있습니까?
Где находится большой театр?
그지에 나호짓찌아 발쇼이 찌아뜨르

아르밭 거리는 어떻게 가는지 말씀해 주세요.
Скажите, пожалуйста, как проехать на улицу Арбата?
스까쥐이쩨 빠좔~루스타 카크 쁘라예하찌 나 울리쭈 아르바따

가까운 지하철 역은 어디입니까?
Где ближайшая станция метро?
그지에 블리좌이솨야 스딴찌야 미뜨로

어떤 방향으로 걸어야 합니까?
В каком направлении мне идти?
프 까꼼 나쁘라블레니이 므녜 잇찌

이쪽 방향입니까?
В эту сторону?

베뚜 쓰또라누

이 거리 이름이 무엇인지 말씀해 주세요.
Скажите, пожалуйста, как называется эта улица?

스까쥐이쩨 빠좔~루스타 까크 나직봐잇찌아 에따 울리쭈

시내 중심가는 어떻게 가는지 말씀해 주세요.
Скажите, пожалуйста, как доехать до центра города?

스까쥐이쩨 빠좔~루스타 까크 다예하찌 다 쩬뜨라 고라다

대중교통 이용하기

러시아 대중교통 수단

러시아 대중 교통 수단으로는 지하철, 버스, 전차 등이 있으며, 1회만 사용할 수 있는 회수권과 정기 승차권이 있다.

러시아에도 영업용 택시가 있으나, 대체로 일반 차들이 택시 영업을 한다. 일반 차를 탈 때는 요금을 타기 전에 미리 운전자와 협의하여 결정해야 한다. 영업용 택시에 비해 저렴하다.

대중교통 이용하기
버스를 탈 때

가까운 버스 정거장은 어디에 있습니까?
Где ближайшая автобусная остановка?
그제 블리좌이쇠야 아프또부스나야 아스따노프까

크레믈까지는 어떤 버스가 가는지 말씀해 주세요.
Скажите, пожалуйста, какой автобус доходит до Кремля.
스까쥐쩨 빠좔~루스타 까꼬이 아프또부스 다호짓트 다 크레믈야

버스 요금은 얼마입니까?
Сколько стоит проезд в автобусе?
스꼴까 스토잇트 쁘라예스트 바프토부세

크레믈까지는 몇 정류장입니까?
Сколько остановок до Кремля?
쓰꼴까 아스따노보크 다 크레믈야

나는 역사 박물관에 가는데요. 어느 정류소에서 내려야 하는지 말씀해 주시지 않겠습니까?

Мне в Исторический музей. Вы не скажите, на какой остановке мне надо выйти.

므녜 비스따리체스끼이 무졔이. 븨 니 스까쥐쩨 나 까꼬이 아스따노프께 므녜 나다 뷔이찌

버스를 잘못 타셨네요.

Вы селе не на тот автобус.

븨 셸리 니 나 또트 아프또부스

실례합니다만 나는 다음 정류장에서 내립니다.

Извините, пожалуйста, я выхожу на следующей.

이즈비니쩨 빠좔~루스타 아 븨하주 나 슬레두유쉐이

대중교통 이용하기

지하철 탈 때

실례하지만 이 노선은 '푸쉬킨' 역까지 갑니까?
Извините, можно ли по этой линии доехать до станции 'Пушкинская'?
이즈비니쩨 모즈나 리 빠 에따이 린니이 다예하찌 다 스딴찌이 '뿌쉬낀'스가야

당신은 환승해야만 합니다.
Вы дожны сделать пересадку.
브의 달즈늬 즈젤라찌 뻬리싸트꾸

어느 역에서 내려야만 합니까?
На какой станции мы должны сойти?
나 까꼬이 쓰딴찌이 므의 달즈늬 싸이찌

'뜨베르스까야' 역에서 내려야만 합니다.
Вам нужно сойти на станции 'Тверская'.
밤 누즈나 싸이찌 나 쓰딴찌 '뜨베르스까야'

역에서 걸어 갈 수 있나요?
От станции можно дойти пешком?
앗트 스딴찌이 모즈나 다이찌 비쉬꼼

멀지 않습니다.
Это недалеко.
에따 니달리꼬

대중교통 이용하기

택시 탈 때

택시 정류장은 어디입니까?

Где стоянка такси?

그졔 스따얀까 딱시

빈 택시입니까?

Вы свободные?

브의 스바보드늬에

호텔까지 데려다 주세요.

Отвезите меня в гостиницу.

앗트비지쩨 민냐 브 가스찌니쭈

이 주소로 데려다 주세요.

Отвезите нас по адресу.

앗트비지쩨 나스 빠 아드레쑤

서둘러 주세요.

Я очень спешу.

야 오친 스뻬슈

여기서 세워 주세요.
Остановите здесь, пожалуйста.
아스따나비쩨 즈제시 빠좔~루쓰따

얼마예요?
Сколько с меня?
스꼴까 스 민야

대중교통 이용하기
기차를 탈 때

기차 역은 어디에 있습니까?
Где находится вокзал?

그졔 나호짓찌아 바그잘

'쌍끄뜨-뻬쩨르부르크'으로 가는 직통 표가 있습니까?
Есть ли поезд прямого сообщения до 'Санкт-Петербурга'?

예스찌 리 빠예스트 쁘랴마봐 싸앞쉔니야 다 '상크트-뻬쩨르부르가'

국제선 1등석은 얼마입니까?
Сколько стоит билет в международной мягком вагоне?

스꼴까 스또이트 빌리에트 브 메주두나로드나이 먀흐깜 봐곤네

모스크바까지 가는 1등석(침대차) 표 편도로 주세요.
Дайте, пожалуйста, билет в мягкий багон до Москвы туда.

다이쩨 빠좔~루스타 빌리에트 브 먀흐끼이 바곤 다 마스크븨 뚜다

어느 플랫폼에서 출발합니까?

С какой платформы?

스 까꼬이 쁠라트포르므의

모스크바로 기차는 언제 도착합니까?

Когда поезд прибывает в Москву?

까그다 쁘라예스트 쁘리브의봐에트 브 마스크부

2번 기차는 언제 출발합니까?

Когда отходит поезд № 2?

까끄다 앗트호지트 뽀예스트 노메르 드봐

모스크바까지 얼마나 걸립니까?

Сколько часов поезд идёт до Москвы?

스꼴까 치소프 뽀예스트 이좃트 다 마스크븨

2번 열차 입니다.

Это поезд № два.

에따 뽀예스트 노메르 드봐

3번 객차입니다.

Это вагон № три.

에따 봐곤 노메르 뜨리

내 자리를 가르쳐 주세요.

Покажите, пожалуйста, моё место.

빠까쥐쩨 빠좔~루스타 마요 메스따

6시에 깨워 주세요.
Разбудите меня в 6часов.
라스부지쩨 민야 브 쉐스찌 치소프

여기서 담배 피워도 됩니까?
Здесь можно курить?
즈졔시 모즈나 꾸리찌

차 한 잔 가져다 주세요.
Принесите, пожалуйста, стакан чая.
쁘리녜씨쩨 빠좔~루스타 스따깐 차야

몇 분 동안 정차합니까?
Сколько минут стоянка поезда?
쓰꼴까 미누트 스따얀까 빠예즈다

대중교통 이용하기
배를 이용할 때

선착장은 어디에 있습니까?
Где морской вокзал?
그지에 마르스꼬이 바그잘

일등석 표는 얼마입니까?
Сколько стоит билет первого класса?
스꼴까 스토이트 빌리에트 뻬르봐바 끌라쨔

블리지바스톡으로 가는 배는 언제 떠납니까?
Когда отплывает теплоход во Владивосток?
까그다 아트쁠릐봐에트 찌쁠라호트 봐 블라지봐스톡크

배는 '샹크트-뻬제르부르크'에 언제 들어옵니까?
Когда прибывает теплоход в 'Санкт-Петербург'?
까그다 쁘리브의봐에트 찌블라호트 프 '샹크트-뻬제르부르크'

얼마나 걸립니까?

Сколько времени длится рейс?

스꼴까 브레메니 들릿찌아 레이스

선실은 어디입니까?

Где моя каюта?

그지에 마야 까유따

어떤 갑판에 내 선실이 있습니까?

На какой палубе моя каюта?

나 까꼬이 빨루베 마야 까유따

나는 배 멀미를 합니다.

Я плоохо переношу качку.

야 쁘로하 뻬리나슈 까츠꾸

언제 우리는 블리지바스톡에 도착합니까?

Когда мы приходим во Владивосток?

까그다 므의 쁘리호짐 봐 블라지바스톡

대중교통 이용하기

자동차를 탈 때

여기 나의 국제 운전 면허증이 있습니다.
Вот моё международное водительское право.
보트 마요 메주두나로드나에 바지쩰스까에 쁘라바

지도에서 길을 가리켜 주세요.
Покажите, пожалуйста, дорогу на карте.
빠까쥐쩨 빠좔~루스타 다로구 나 까르쩨

'끄라스나야르스크'까지는 몇 킬로 미터입니까?
Сколько километров до 'Красноярска'?
스꼴까 낄라몌트로프 다 '크라스나야르스까'

'끄라스타야르스크'에 올바르게 가고 있는 겁니까?
Правильно ли я еду в 'Красноярск'?
쁘리빌나 리 야 예두 브 '끄라스나야르스크'

'노브고라트'까지는 어떻게 갑니까?
Как доехать до 'Новгорода'?
까크 다예하찌 다 '노브고라다'

123

'노브고라트' 까지는 얼마나 걸립니까?

Сколько часов ехать в 'Новгород'?

스꼴까 치소프 예하찌 브 '노브고라트'

가까운 주유소는 어디입니까?

Где ближайшая бензоколонка?

그제 블리좌솨야 벤자깔론까

리터 당 얼마입니까?

Сколько стоит литр бензина?

스꼴까 스토이트 리뜨르 벤진나

50리터 주세요.

Мне нужно 50литров бензина.

므녜 누주나 뻬지씨아트 리트로프 벤지나

가득 채워 주세요.

Наполните, пожалуйста, бак.

나뽈니쩨 빠좔~루스타 바크

세차해 주시기 바랍니다.

Прошу вас вымыть машину.

쁘라쉬 봐스 브믜므의찌 마쉬이누

냉각수를 채워 주시고 오일을 교체해 주시기 바랍니다.

Прошу вас долить воды и сменить масло.

쁘라쉬 봐스 달리찌 봐듸 이 스메니찌 마슬라

바퀴의 바람이 빠졌습니다.

Спустило колесо.

스뿌스찔라 깔레쏘

수리하는 데 얼마나 걸립니까?

Сколько продлится ремонт?

쓰꼴까 쁘라들릿찌아 리몬트

서비스 비용으로 얼마를 내야 합니까?

Сколько я вам должен за услуги?

스꼴까 야 밤 돌쥐엔 자 우슬루기

구경하기

모스크바에서 꼭 가봐야 하는 관광 명소

1. 크레믈
대통령 집무실, 보석관, 무기고 및 사원 등이 있다. 이러한 곳은 시간을 갖고 천천히 둘러봐야 한다.

2. 붉은 광장
붉은 광장의 '붉은'은 '아름다운'이란 러시아어에서 유래한 것이다. 이곳에는 바실리 성당과 레닌 묘가 있다.

3. 모스크바 대학
모스크바에는 스탈린 양식의 고층 건물이 7개 있는데 그 중 하나가 모스크바 대학이다. 웅장함은 말할 것도 없고 건물을 지을 당시 희생자들이 많아서 뼈로 만들어진 건물이라는 이야기도 있다. 모스크바 대학이 위치한 레닌 언덕은 모스크바에서 가장 높은 곳으로 모스크바 시를 한눈에 내려다 볼 수 있다.

4. 아르바트 거리
시내 중심에 위치해 있으며 차가 다니지 않는 거리로 모스크바의 젊은이들이 가장 선호하는 곳이다. 한마디로 '젊은이의 거리'라고 해도 지나친 말이 아니다. 길거리 공연이 자주 열리고 화가들이 많아서 볼거리가 풍부하며 러시아 대 문호들에 관한 박물관과 극장들이 있다. 카페나 레스토랑 등에서 차 한잔 마시며 여유롭게 관광을 즐길 수 있는 곳이다.

5. 박물관과 미술관

1) 뜨레쨔꼬프스가야 미술관 : 에르미타쉬 박물관과 함께 러시아 2대 미술관 중의 하나로 1856년에 개관하였다. 11세기 이후 러시아 미술의 걸작들이 거의 모두 전시되어 있다.
2) 푸쉬킨 박물관 : 푸쉬킨의 원고와 물품을 모아 전시한 박물관으로 1814년에 건립하였다. 박물관 각 방 마다 19세기 가구와 그림들, 푸쉬킨이 만든 5만점이 넘는 출판물, 그리고 그가 사용하던 책상과 가구들이 전시되어 있다.
3) 톨스토이 박물관 : 톨스토이가 쓰던 펜, 책상, 각종 문서들이 보존되어 있다.
4) 안톤 체홉 기념관 : 안톤 체홉이 의사로서 일하며 글을 쓰면서 사할린으로 떠나기 전까지 살던 곳이다. 그리고 그의 첫 희곡인 "갈매기"를 집필했던 장소로 유명한 곳이기도 하다. 모스크바에서 약 1시간 30분 정도 떨어진 곳에 있다.
5) 막심 고르키 박물관 : 모스크바 시내에 위치해 있다.
6) 차이코프스키 기념관 : 차이코프스키의 일생과 업적을 각종 유물과 사진 등으로 설명하고 있다.
7) 톨스토이 기념관 : 톨스토이 생가가 있는 곳으로 모스크바에서 약 3시간 정도 떨어져 있다.

6. 비에덴하 박람회장

약 13km²의 광대한 부지에 80개의 건물과 300개의 부속 시설이 있다. 특히, 우주관은 한번 볼 만하다.

구경하기

박물관과 전시회 관람하기

박물관을 관람하고 싶은데요.
Мы хотели бы осмотреть музей.

므의 하쩰리 브의 아스마뜨레찌 무제이

'에르미따쉬' 박물관은 어디에 있습니까?
Где находится музей 'Эрмитаж'.

그곜 나호짓찌아 무제이 '에르미따쉬'

지금은 어떤 전시회가 열리고 있습니까?
Какие сейчас открыты выставки?

까끼에 시이차스 아트끄릐 틔 브의스타프끼

입장료는 얼마입니까?
Сколько стоит выходной билет?

쓰꼴까 스또이트 브의하드노이 빌리에트

영어로 말할 수 있는 사람이 필요합니다.
Мне нужен говорящий по-английски

므니에 누젠 가바랴쉬이 빠-안글리이스끼

131

러시아 화가들이 그린 그림들이 있습니까?

Есть у вас картины русских художники?

예스찌 우 봐스 까르찌늬 루스끼흐 후도즈니끼

나는 회화에 관심이 있습니다.

Меня интересует живопись.

민야 인쩨레쑤에트 쥐봐삐씨

이 그림이 마음에 듭니다.

Мне нравится эта картина.

므니에 느라비찌아 에따 까르찌나

누구의 작품입니까?

Чья это работа?

치야 에따 라보따

이것은 진품입니까?

Это оргинал?

에따 아르기날

카탈로그를 사고 싶은데요.

Я хотел(а) бы купить каталог.

야 하쩰(라) 브의 꾸삐찌 까딸로크

구경하기
사진 촬영

여기서 사진을 찍어도 됩니까?
Можно ли здесь фотографировать?
모즈나 리 즈제시 화따그라피라바찌

플래쉬를 사용해도 됩니까?
Можно ли пользоваться вспышкой?
모즈나 리 뽈자바찌아 프스쁘의쉬까이

여기는 플래시를 금지합니다.
Здесь запрещено пользоваться вспышкой.
즈제시 자쁘리쉔나 뽈자바찌아 프스쁘의쉬까이

사진을 찍어 주세요.
Сфотографируйте, пожалуйста.
스화따그라피루이쩨 빠좔~루스타

사진을 보내드리겠습니다.
Я пришлю вам фотографии.
야 쁘리쉴류 밤 화따그라피이

촬영을 금지합니다.
Не фотографировать.

니 화따그라피라바찌

구경하기

공연 관람

쇼나 공연을 볼 수 있는 관광 코스가 있습니까?
Есть ли тур с посещением шоу или театров?
예스찌 리 뚜르 스 빠씨쉔니엠 쇼우 일리 찌아뜨로프

입장료가 포함되어 있습니까?
Включен ли плата за вход?
프끌유첸 리 쁠라따 자 브호트

무대에서 가까운 표를 주세요.
Дайте мне билет близко от сцены.
다이쩨 므녜 빌리에트 블리스까 앗트 스쩬늭

오늘 7시 표를 주세요.
Дайте мне билет на сегодня на 7часов.
다이쩨 므녜 빌리에트 나 씨보드야 나 셈 치소프

공연은 언제 시작됩니까?
Когда начинается сеанс?
까그다 나치나에찌아 시안스

공연은 언제 끝납니까?
Когда заканчивается сеанс?
까그다 자깐치바에찌아 시안스

어떤 극장을 추천해 주실 건가요?
В какой театр вы советуете пойти?
프 까고이 찌아뜨르 브의 싸베뚜에쩨 빠이찌

나는 오페라 극장을 가고 싶은데요.
Мне хотелось бы сходить в оперный театр.
므녜 하쩰라스 브의 스하지찌 봐페르늬의 찌아뜨르

발레를 보고 싶은데요.
Я хотел(а) бы посмотреть балет.
야 하쩰(라) 브의 빠스마뜨레찌 발리에트

교향악을 듣고 싶은데요.
Мы хотели бы послушать концерт симфонической.
므의 하쩰리 브의 빠슬루솨찌 깐쩨르트 심포니체스까이

프로그램 부탁합니다.
Программу, пожалуйста.
프라그라무 빠좔~루스타

좋아하는 지휘자는 누구입니까?
Кто ваш любимый композитор?

크또 바쉬 류비믜이 깜빠지따르

좋아하는 피아니스트는 누구입니까?
Кто ваш любимый пианист?

크또 바쉬 류비믜이 삐아니스트

음악회가 마음에 들었습니다.
Мне понравился концерт.

므녜 빠느라빌샤 깐쩨르트

오늘은 어떤 영화를 상영 중입니까?
Какой фильм идёт сегодня?

까꼬이 필름 이죳트 씨보드냐

코미디 영화를 보고 싶은데요.
Мне хотелось бы посмотреть кинокомедию.

므녜 하쩰라시 브의 빠스마트례찌 끼노꼬메지야

이 영화는 모스크바 영화제에서 상을 받았습니다.
Этот фильм получил премию на фестивале в Москве.

에타트 필름 빨루칠 쁘리미유 나 훼스찌발 브 마스크볘

누가 역을 맡았습니까?
Кто играет в этом фильме?

크또 이그라에트 베땀 필름메

감독은 누구입니까?
Кто режиссёр?

크토 리쥐의쑈르

이 영화 표가 있습니까?
Есть билет на этот фильм?

예쓰찌 빌리에트 나 에따트 필름

구경하기

레저 스포츠 즐기기와 관람

수상 스키를 빌릴 수 있습니까?

Можно ли взять на прокат водный лыжи?

모즈나 리 브자찌 나 쁘라까트 보드늬이 릐 쥐의

오늘 물 온도는 몇 도입니까?

Как сегодня температура воды?

까크 시보드냐 찜뻬라뚜라 봐듸

스키를 타고 싶은데요.

Я хотел(а) бы покататься на лыжах.

야 하쩰(라) 브의 빠까따쨔 나 릐좌흐

사냥을 하고 싶은데요.

Нам бы хотелось поохотиться.

남 브의 하쩰라시 빠아호찌쨔

가격은 얼마입니까?

Сколько это стоит?

스꼴까 에따 스또이트

139

지금 숲에서 사냥을 허가합니까?

Сейчас разрешена охота на лесу?

시이차스 라즈레쉔나 아호따 나 리수

사냥은 언제 시작합니까?

В какое время сбор охотников?

프 까꼬에 브례먀 즈보르 아호뜨니꼬프

오늘 사우나 갑시다.

Пойдёмте сегодня на сауну.

빠이죰쩨 시보드냐 나 싸우누

당구장에 가고 싶은데요.

Я хотел(а) бы пойти в билярдную.

야 하쩰(라) 브의 빠이찌 브 빌랴르드누유

축구 경기를 보고 싶은데요.

Мы хотели бы посмотреть футбольный матч.

므의 하쩰리 브의 빠스마뜨레찌 후드볼늬이 맛치

운동장은 어떻게 갑니까?

Как проехать на стадион?

까끄 쁘라예하찌 나 스따지온

오늘 표가 있습니까?

Есть ли билеты на сегодня?

예스찌 리 빌리에트 나 시보드냐

표 두 장 주세요.

Дайте, пожалуйста, два билета.

다니쩨 빠좔~루스타 드봐 빌리에따

어떤 팀을 응원합니까?

За какую команду вы болеете?

자 까꾸유 까만두 브의 발레에쩨

누가 골을 넣었습니까?

Кто забил гол?

크또 자빌 골

누가 이겼습니까?

Кто выиграл?

크또 븨이그랄

당신은 골프를 칩니까?

Вы играете в гольф?

브의 이그라에쩨 브 골프

나는 골프 회원입니다.

Я член гольфа-клуба.

야 츨렌 골파- 끌루바

쇼핑하기

쇼핑하기

토속 상품점 찾기

이 지역 특산품은 무엇입니까?
Какие характерные продукты продают в этом районе?

까끼에 하락쩨르늬에 쁘라둑틔 쁘라다유트 베땀 라이오네

어디에서 살 수 있습니까?
Где можно купить?

그제 모즈나 꾸삐찌

특산품을 사고 싶은 데요.
Мы хотели бы купить характерные продукты.

므의 하쩰리 브의 꾸삐찌 하락쩨르늬에 쁘라둑틔

무엇으로 만든 것입니까?
Из чего делаются эти?

이스 치보 젤라웃찌아 에찌

이것은 은으로 만든 것입니다.

Это делается из серебра.

에따 젤라에찌아 이스 셰레브라

쇼핑하기

물건 값 깎기

너무 비쌉니다.
Это очень дорого.
에따 오친 도라가

조금 싸게 해주세요.
Подешевле, пожалуйста.
빠지쉬에블레 빠좔~루스타

면세로 살 수 있습니까?
Можно ли купить без налога?
모즈나 리 꾸뻐쯔 베즈 날로가

할인해 주실 수 있나요?
Даёте ли вы скидку?
다요쩨 리 브의 스끼트꾸

여기서는 10퍼센트 할인해서 팔고 있습니다.
Здесь продаются со скидкой 10%.
즈제시 쁘라다유찌아 싸 스끼트까이 지씨아찌 프라쩬또프

쇼핑하기

물건 고르기

무엇을 도와 드릴까요?
Что могу быть полезно?
쉬또 마구 브의찌 빨레즈나

기념품은 어디서 팝니까?
Где продают сувениры?
그졔 쁘라다유트 수비니릐

나는 부인에게 줄 선물을 사길 원합니다.
Я хочу купить подарок для моей жены.
야 하추 꾸뻬쯔 빠다로크 들야 마예이 쥐이늬

치수가 몇입니까?
Какой размер?
까꼬이 라즈메르

이 사이즈로 보여주세요.
Покажите мне такого размера.
빠까쥐쩨 므녜 따꼬봐 라즈메라

너무 크네요.
Это слишком велико.
에따 슬리쉬깜 빌리까

다른 것들을 보여주세요.
Покажите мне другие.
빠까쥐쩨 므녜 드루기에

좀 더 싼 것이 있습니까?
У вас есть подешевле?
우 봐스 예스찌 빠지쉬에블레

다른 색은 없습니까?
Другого цвета у вас нет?
드루고봐 쯔베따 우 봐스 녜트

입어봐도 됩니까?
Можно ли примерить?
모즈나 리 쁘리메리쯔

이것은 나에게 맞습니다(맞지 않습니다).
Мне это (не) подходит.
므녜 에따 (니) 빠트호지트

맘에 듭니다.
Мне это нравится.
므녜 에따 느라비찌아

이 와이셔츠는 얼마입니까?
Сколько стоит эта рубашка?
스꼴까 스또이트 에따 루바쉬까

이것을 사겠습니다.
Я это беру.
야 에따 비루

이것을 포장해 주세요.
Упакуйте это, пожалуйста.
우빠꾸이쩨 에따 빠좔~루스따

봉투에 넣어 주세요.
Положите это в пакет.
빨라쥐쩨 에따 프 빠꼐트

쇼핑하기

계산하기

여행자 수표로 지불해도 됩니까?
Можно оплатить дорожными чеками?
모즈나 아쁠라찌쯔 다로즈늬미 체까미

신용 카드를 받습니까?
Принимаете кредитную карточку?
쁘리니마에쩨 끄레지뜨누유 까르또치꾸

전부 얼마입니까?
Сколько всего стоит?
스꼴까 프시보 스또이트

계산이 틀리지 않나요?
Нет ли ошибки в счете?
녜트 리 아쉬쁘끼 프 숏쩨

잔돈이 틀립니다.
Вы неправильно сдали сдачу.
브의 니쁘라빌나 즈달리 즈다추

영수증 부탁합니다.
Счет, пожалуйста.

숏트 빠좔~루스타

이미 지불했습니다.
Я уже заплатил(а).

야 우줴에 자쁠라찔(라)

쇼핑하기

쇼핑가 찾기

백화점은 어디 있습니까?
Где универсальный магазин?

그졔 우니베르살늬이 마가진

영어 할 줄 아는 점원이 있습니까?
У вас есть продавецы, говорящие по-английски?

우 봐스 예스찌 쁘라다베쬐 가봐랴쉬이에 빠–안글리스끼

식료품점은 어디 있습니까?
Где продовольственный магазин?

그졔 쁘라다볼스트벤늬이 마가진

화장품 매장은 어디입니까?
Где у вас отдел парфюмерии?

그졔 우 봐스 아트젤 빠르퓨메리이

153

장난감은 어디에서 삽니까?

Где можно купить игрушки?

그지에 모즈나 꾸삐찌 이그루쉬끼

모피는 몇 층에서 팝니까?

На каком этаже продается меха?

나 까꼼 에따줴 쁘라다에찌아 메하

쇼핑하기

교환 및 환불하기

이것을 교환 할 수 있습니까?
Можно это заменить?
모즈나 에따 자메니찌

고장이 나 있네요.
Это сломано.
에따 슬로만나

바로 여기에 영수증이 있습니다.
Вот мой счёт.
보트 모이 숏트

이것을 환불해 주실 수 있나요?
Вы можете возместить это?
브의 모줴쩨 바즈메스찌쯔 에따

소식 전하기

러시아에서 한국으로 전화하기

 러시아에서 한국으로 전화하려면 8-10-82-한국 지역 번호(0을 제외)-해당 번호를 누르면 된다. 요금은 한국과 비슷한 수준이다.

소식 전하기
국제 전화 거는 방법

공중 전화기는 어디 있나요?
Где телефон-автомат?

그제 찔레폰-아프토마트

국제 전화를 걸고 싶은데요.
Я хотел бы позвонить заграницу.

야 하쩰 브의 빠즈바니찌 자그라니쭈

이 번호로 전화 거는 방법을 가르쳐 주세요.
Объясните как звонить на этот номер?

아비스니쩨 까크 즈바니찌 나 에따트 노메르

한국으로 전화를 하고 싶습니다.
Я хочу позвонить в Корею.

야 하추 빠즈바니찌 프 까례유

요금은 어떻게 지불하겠습니까?
Как вы собираетесь оплатить разговор?

까크 브의 싸비라에쩨시 아쁠라찌쯔 라즈가보르

제가 낼게요.
За свой счёт.
자 스보이 숏트

요금은 수신자 부담으로 해 주세요.
Соедините за счёт абанента.
싸예지니쩨 자 숏트 아바넨따

번호를 말씀해 주세요.
Сообщите, пожалуйста, номер.
싸앞쉬쩨 빠좔~루스따 노메르

한국, 서울, 723-8787입니다.
Южная Корея, Сеул, 723-8787.
유즈나야 까례야 시울 셈드봐뜨리-보셈보셈

끊지 말고 기다려 주세요.
Подождите, не вешайте трубку.
빠다즈지쩨 니 비쇼이쩨 뜨루쁘꾸

통화 중입니다.
Линия занята.
린니야 자냐따

소식 전하기

시내 전화 거는 방법

시내 전화는 어떻게 합니까?
Как позвонить по городу?

까크 빠즈바니찌 빠 고라두

먼저 9번을 누르시고 원하는 번호를 누르세요.
Сначала нажмите 9 и затем набирите нужный номер.

스나찰라 나쥐미쩨 지뱟찌 이 자쩸 나비리쩨 누즈늬이 노메르

여보세요, 안드레이 씨 계신가요?
Алло, Могу я поговорить с Андреем?

알로 마구 야 빠가바리찌 산드레엠

누구세요?
Кто говорит?

크또 가봐리트

영어로 말해도 됩니까?

Можно говорить по-английски.

모즈나 가봐리찌 빠-안글리스끼이

한국에서 온 그의 친구 이 씨입니다.

Его друг мистер Ли из Кореи.

이보 드루크 미스쩨르 리 이스 까레이

바꿔 드릴게요.

Я позову его.

야 빠자부 이보

그는 지금 없습니다.

Его сейчас нет.

이보 시이촤스 녜트

무엇을 전해 드릴까요?

Что ему передать?

쉬또 이무 뻬리다찌

그의 핸드폰 번호를 알려 주실 수 없나요?

Вы не могли бы сообщить мне номер его мобильного телефона?

브의 니 마글리 브 싸앞쉬찌 므녜 노메르 이보 마빌나봐 찔레폰아

당신의 전화 번호를 남겨 주세요.
Оставьте ваш номер.
앗스따비쩨 봐쉬 노메르

김 씨가 전화했다고 전해 주세요.
Передайте, пожалуйста, что звонил мистер Ким.
뻬리다이쩨 빠좔~루스타 쉬또 즈봐닐 미스쩨르 킴

나중에 다시 전화하겠습니다.
Я перезвоню позже.
야 뻬리즈봐유 뽀쩨

소식 전하기
인터넷과 팩스 이용하기

인터넷을 이용할 수 있습니까?
Могу я воспользоваться интернетом?
마구 야 바스뽈자바쨔 인쩨르넷땀

방마다 전용 회선이 있습니다.
В каждом номере есть выделенная линия.
프 까즈담 노메레 예스찌 브의젤렌나야 린니야

이메일을 확인해야만 합니다.
Я должен проверить E-mail.
야 돌젠 쁘라베리찌 이-메일

서울에 팩스를 보내 수 있습니까?
Можно послать по-факсу в Сеул?
모즈나 빠슬라찌 빠-확수 프 시울

전부 얼마입니까?
Сколько стоит всего?
스꼴까 스또이트 프시보

소식 전하기
우편물

우체국은 어디에 있습니까?

Где находится почта?

그지에 나호짓찌아 뽀츠따

등기 소포를 부치고 싶은데요.

Я хотел(а) бы отправить бандероль заказным.

야 하쩰(라) 브의 아트쁘라비찌 반제롤 자까즈늬임

어디로 보내실 건가요?

Куда вы отправите?

꾸다 브의 앗트쁘라비쩨

내용물이 뭡니까?

Что внутри?

쉬또 브누뜨리

러시아 기념품입니다.

Это русский сувенир.

에따 루스끼이 수비니르

부산까지는 얼마나 걸립니까?

Сколько посылку идёт до Пусана?

스꼴까 빠쉴꾸 이죳트 다 뿌싼나

보통 2주 정도 걸립니다.

Обычно около две недели.

아브치나 오꼴라 드볘 니젤리

얼마입니까?

Сколько с меня?

쓰꼴까 스 민야

소지품을 분실했을 때

소지품을 분실했을 때
(분실시 대처 요령)

해외 여행을 하는 도중에는 예기치 않은 사고가 발생할 우려가 크다. 러시아 관광 명소에서는 여름에 집시들을 흔하게 볼 수 있다. 그들은 한두 명이 아니라 집단으로 다니는 경우가 많기 때문에 관광객에게는 특히 위험한 존재이다. 관광을 할 때는 꼭 필요한 돈 이외에 많은 현금을 지참하지 말고, 값나가는 물건은 귀중품 보관소에 맡겨 두는 것이 좋다.

여권을 잃어버렸을 때는 한국 대사관이나 영사관에 분실 신고를 하고 재발급받는다. 여권을 재발급받을 때 필요한 것은 경찰서에서 발행하는 분실 신고서, 여권 사진 2장, 여권 복사본(만일의 경우를 대비하여 출국 전 복사본을 준비한다), 신청서, 발급 비용이다. 신청 후 2~3일이 지나면 여권을 발급받을 수 있다.

소지품을 분실했을 때

여권을 분실했을 때

여권을 잃어버렸습니다.
Я потерял(а) паспорт.
야 빠쩨럍(라) 빠스뽀르트

누구에게 알려야만 합니까?
К кому надо обращаться?
크 까무 나다 아브라쏴찌아

한국 대사관에 전화하고 싶은데요.
Я хотел(а) бы позвонить в корейское посольсво.
야 하쪨(라) 브의 빠즈바니찌 프 까레이스까이에 빠솔스트봐

한국 대사관은 어떻게 갑니까?
Как проехать к корейскому посольству?
까크 쁘라예하찌 크 까레이스까무 빠솔스트부

재발급받을 수 있습니까?
Можно его оформить снова?
모즈나 이보 아포르미찌 스노봐

소지품을 분실했을 때

여행자 수표 및 카드를 분실했을 때

분실물 센터는 어디입니까?
Где бюро находок?

그졔 뷰로 나호다크

여행자 수표를 잃어 버렸습니다.
Я потерял(а) дорожные чеки.

야 빠쩨랼 (라) 다로즈늬에 체끼

신용 카드를 잃어 버렸습니다
Я потерял(а) кредитную карточку.

야 빠쩨랼 (라) 크레지트누유 까르또츠꾸

신용 카드를 사용 정지시켜 주시겠습니까?
Вы можете отменить кредитную карточку?

브의 모제쩨 아트메니찌 그레지트누유 까르또츠꾸

소지품을 분실했을 때
항공권을 분실했을 때

항공권을 잃어버렸습니다.
Я потерял(а) билет на самолёт.
야 빠쩨럌(라) 빌리에트 나 사말료트

재발급받을 수 있습니까?
Можно его оформить снова?
모즈나 이보 아포르미찌 스노봐

출발을 20일로 변경하고 싶은데요.
Я хотел(а) бы изменить отъезд на 20-ое.
야 하쩰(라) 브의 이즈메니찌 아트예즈트 나 드바짜따에

서울 가는 다음 비행기는 언제 있습니까?
Когда следующии рейс в Сеул?
까그다 슬레두유쉬이 레이스 프 시울

소지품을 분실했을 때

도난 · 분실 사고

내 가방을 훔쳐 갔어요.
У меня украли сумку.

우 민야 우크랄리 쑴꾸

사진기를 잃어버렸어요.
Я потерял(а) фотоаппарат.

야 빠쩨럈(라) 화따아빠라트

도난 증명서를 만들어주세요.
Составьте, пожалуйста, заявление о воровстве.

싸스따비쩨 빠좔~루스타 자이블레니에 아 보르스트베

택시에 두고 내렸어요.
Я оставил в такси.

야 아스따빌 프 딱시

가방 속에는 무엇이 있었나요?
Что было в сумке?

쉬또 비일라 프 쑴께

175

연락처를 남겨주세요.

Оставьте ваши координаты.

아스따비쩨 바쉬 까아르지타트의

비상사태가 발생했을 때

비상사태가 발생했을 때
도움 요청하기

도와 주세요!
Помогите!
빠마기쩨

경찰을 불러주세요.
Вызовите милицию.
브의자비쩨 밀리찌유

의사를 불러주세요.
Вызовите доктора.
브의자비쩨 도크또라

화장실은 어디입니까?
Где туалет?
그제 뚜알레트

빨리 서둘러 주세요!
Побыстрее!
빠브의스쁘레

길을 잃었습니다.
Я заблудился.
야 자블루질씨아

비상사태가 발생했을 때
교통사고를 당했을 때

교통사고가 발생했습니다.

у нас дорожно-транспортное происшествие (ДТП) произошло.

우 나스 다로즈나-뜨란스뽀르트나에 쁘라이스쉐스트비에(데떼뻬) 쁘라이자쉴라

사고가 났습니다.

у меня была авария в пути.

우 민야 브일라 아바리야 프 뿌찌

의사를 불러 주세요.

Вызовите, пожалуйста, врача.

브의자비쩨 빠좔~루스타 브라차

응급차를 불러 주세요.

Вызовите, пожалуйста, скорую помощь.

브의자비쩨 빠좔~루스타 스꼬루유 뽀마쉬

심각한 부상을 당했어요.

Я получил(а) тяжёлую травму.

야 빨루칠(라) 찌졸루유 뜨라브무

비상사태가 발생했을 때
병원 이용하기

몸이 좋지 않아요.
Мне плохо.
므녜 쁠로하

감기에 걸렸습니다.
Я простудился.
야 쁘라스뚜질씨아

기침이 납니다.
У меня кашель.
우 민야 까쉘

열이 납니다.
У меня температура.
우 민야 찜뻬라뚜라

식중독에 걸렸습니다.
У меня пещевое отравление.
우 민야 뻬쉐바에 아트라블렌니에

변비에 걸렸습니다.
У меня запор.

우 미냐 자뽀르

머리가 아픕니다.
У меня болит голова.

우 미냐 발리트 갈라봐

위험합니까?
Это опасно?

에따 아빠스나

처방전을 써 주세요.
Выпишите, пожалуйста, рецепт.

브의뻬쉬쩨 빠좔~루스타 리쩨쁘트

비상사태가 발생했을 때
약국에서

가까운 약국은 어디에 있습니까?
Где ближайшая аптека?
그졔 블리좌이솨야 앞쩨까

여기에 처방전이 있습니다.
Вот рецепт.
보트 리쩨쁘트

두통약 주세요
Дайте мне, пожалуйста, лекарство от головной боли.
다이쩨 므녜 빠좔~루스타 리까르스트봐 앗트 갈라브노이 볼리

코감기약 주세요.
Дайте мне, пожалуйста, лекарство от насморка.
다이쩨 므녜 빠좔~루스타 리까르스트봐 앗트 나스마르까

185

어떻게 복용합니까?
Как принимать это лекарство?

까크 쁘리니마찌 에따 리까르스트봐

식후에 복용합니까?
После еды?

뽀슬레 예듸

하루에 몇 번 복용합니까?
Сколько раз в день принимать это лекарство?

스꼴라 라스 브 젠 쁘리니마찌 에따 리까르스트봐

여행 필수 러시아어 사전 ①

여행 필수 러시아어 사전 1

수사

0	ноль	놀
1	один(남성)	아진
	одна(여성)	아드나
	одно(중성)	아드노
2	два(남성, 중성)	드바
	две(여성)	드베
3	три	뜨리
4	четыре	취띠리
5	пять	뻬아찌
6	шесть	쉐스찌
7	семь	셈
8	восемь	보셈
9	девять	제비찌
10	десять	제씨찌
11	одинадцать	아진나짜찌
12	двенадцать	드비나짜찌
13	тринадцать	뜨리나짜찌
14	четыренадцать	취뜨리나짜찌
15	пятнадцать	뻬뜨나짜찌

16	шестнадцать	쉬이스나쨔찌
17	семнадцать	심나쨔찌
18	восемнадцать	바심나쨔찌
19	девятнадцать	지빗나쨔찌
20	двадцать	드봐쨔찌
30	тридцать	뜨리쨔찌
40	сорок	소락
50	пятьдесят	뻬지쌰트
60	шестьдесят	쉬의지쌰트
70	семьдесят	심지쌰트
80	восемьдесят	바심지쌰트
90	девяносто	지비노스따
100	сто	스또
200	двести	드비에스찌
300	триста	뜨리쓰따
400	четыреста	취뜨의리스따
500	пятьсот	뼷찌오트
600	шестьсот	쉬의찌오트
700	семьсот	심쏘트
800	восемьсот	바심쏘트
900	девятьсот	지비쪼오트
1000	тысяча	트의쉬아

여행 필수 러시아어 사전 1

요일

월요일	понедельник	빠니젤니크
화요일	вторник	프토르니크
수요일	среда	스리에다
목요일	четверг	취뜨비에르크
금요일	пятница	뺘트니찌아
토요일	суббота	수보따
일요일	воскресенье	바스크레센니에

여행 필수 러시아어 사전 1

달

1월	январь	인봐리
2월	февраль	피브랄
3월	март	마르트
4월	апрель	아프렐
5월	май	마이
6월	июнь	이윤
7월	июль	이율
8월	август	아브구스트
9월	сентябрь	씬찌아브리
10월	октябрь	악찌아브리
11월	ноябрь	나야브리
12월	декабрь	지까브리

여행 필수 러시아어 사전 1

계절

봄	весна	비스나
여름	лето	례따
가을	осень	오신
겨울	зима	지마

여행 필수 러시아어 사전 1

시간

아침에	утром	우뜨람
오후에	днём	드뇸
저녁에	вечером	베체람
밤에	ночью	노치유
정오에	в полдень	프 뽈젠
자정에	в полночь	프 뽈노치
어제	вчера	프체라
오늘	сегодня	시보드냐
내일	завтра	자프트라
내일모레	послезавтра	뽀슬레자프트라
그저께	послевчера	뽀슬레브체라
이번 주에	на этой неделе	나 에따이 니젤예
다음 주에	на будущей неделе	나 부두쉐이 니젤예
지난 주에	на прошлой неделе	나 쁘로쉴라이 니젤예

여행 필수 러시아어 사전 1

색깔

선홍색	алый	알릐이
흰색	белый	벨릐이
노란색	желтый	졸뜨의
초록색	зелёный	질룐느의
금색	золотой	잘라또이
은색	серебряный	씨에레브랴늬이
갈색	коричневый	까리치니 븨이
붉은색	красный	끄라스늬이
분홍색	розовый	로자브의이
회색	серый	세리이
푸른색	синий	신니이
보라색	фиолетовый	피알레따 븨이
검은색	чёрный	쵸르늬이

여행 필수 러시아어 사전 1

인칭 대명사

나	я	야
너	ты	뜨의
그	он	온
그녀	она	아나
우리	мы	므의
당신	вы	브의
그들	они	아니

여행 필수 러시아어 사전 1

의문사

누구	кто	크또
무엇	что	쉬또
어디에	где	그제
언제	когда	까그다
왜	почему	빠침무
어떤	какой	까꼬이
어디로	куда	꾸다
어디로부터	откуда	앗트꾸다
어떻게	как	까크
얼마	сколько	스꼴까
누구와 함께	с кем	스 켐

여행 필수 러시아어 사전 1

신체

몸	тело	쩰라
머리	голова	갈라바
머리카락	волосы	볼라스의
얼굴	лицо	리쪼
이마	лоб	롭쁘
눈	глаз	글라스
눈꺼풀	веко	베카
코	нос	노스
입	рот	로트
입술	губа	구바
혀	язык	이직크
잇몸	десны	졔스늬
이	зуб	주쁘
귀	ухо	우하
볼	щека	쉐까
목	шея	쉐야
가슴	грудь	그루찌
어깨	плечо	쁠리쪼
손	рука	루까

손바닥	ладонь	란돈
손가락	палец	빨레쯔
손톱	ноготь	노가쯔
등	спина	스삐나
배	живот	쥐~의보오트
옆구리	бок	보크
무릎	колено	깔레나
다리	нога	나가
피부	кожа	꼬좌~아
뼈	кость	꼬스찌
피	кровь	크롭피(f)
정맥	вена	베나
위	желудок	쥐~일루독크
창자	кишечник	키쉐츠닉크
폐장	лёгкое	료흐까예
심장	сердце	세르쩨
간장	печень	뼤치엔

여행 필수 러시아어 사전 1

야채

완두콩	зелёный горошек	질룐느의 가로쉬에크
샐러드, 상치	салат	쌀라트
양배추	капуста	까뿌스따
감자	картофель	까르또필
양파	лук	루우크
당근	морковь	마르꼬피
오이	арбуз	아르부스
고추	перец	뻬레쯔
토마토	помидоры	빠미도르
무	редис	레지스
사탕무	свёкла	스뵤클라
강낭콩	фасоль	화솔
마늘	чеснок	치수녹크
시금치	шпинат	쉬삐나트

여행 필수 러시아어 사전 1

과일

살구	абрикос	아브리코스
파인애플	ананас	아나나스
오렌지	апельсин	아뻴신
수박	арбуз	아르부스
바나나	бананы	바나늬
포도	виноград	비나그라트
석류	гранат	그라나트
배	груша	그루쌰
딸기	глубинка	글루빈까
참외	дыня	듸냐
카카오	какао	까까오
복숭아	персик	뻬에르씨크
사과	яблоко	야블라까
자두	слива	슬리봐
체리	черешня	체레쉬냐

여행 필수 러시아어 사전 1

생선

삶은 철갑상어의 일종

	белуга отварная	벨루가 아트바르나야
철갑상어	осетрина	아세드린나
가자미(과)	палтус	빨뚜스
농어	судак	쑤다크
대구	треска	뜨레스까
연어(과)	форель	화렐
장어	угорь	우고리

여행 필수 러시아어 사전 1

고기

양고기	баранина	바라니나
비프스테이크	бифштекс	비프쉬펵스
쇠고기	говядина	가뱌진나
간	печень	뼤치엔
콩팥	почки	뽀치끼
돼지고기	свинина	스비니나
송아지고기	телятина	쩰랴찌나
버터구이고기	эскалоп	에스깔로쁘
(양고기나 돼지고기) 꼬치구이		
	шашлык	쉬아슬리크
고기 만두	пельмени	뻴메니
혀	язык	이즥크

203

여행 필수 러시아어 사전 1
조류

거위	гусь	구시
칠면조 고기	индейка	인제이까
닭	курица	꾸리짜
오리	утка	우뜨까
꿩	фазан	화잔
병아리	цыплёнок	찌쁠료나크

여행 필수 러시아어 사전 1

음료수

코코아	какао	까까오
코카콜라	кока-кола	꼬까-꼴라
커피	кофе	꼬페
주스	сок	쏙크
토닉	тоник	또니크
차	чай	차이
광천수	минеральная вода	미네랄라야 봐다

여행 필수 러시아어 사전 1

직업

농학자	агроном	아그라놈
변호사, 대변인	адвокат	아드봐까트
배우	актёр	악쪼르
건축가	архитектор	아르히쩩또르
생물학자	биолог	비알로크
의사	врач	브라치
외교관	дипломат	지쁠로마트
기자, 저널리스트	журналист	주르날리스트
기술자	инженер	인쥐니에르
영화 감독	кинорежиссёр	끼노리쥐이쑈르
특파원, 통신원	корреспондент	까레스빤젠트
기관수	машинист	마쉬이니스트
음악가	музыкант	무즤깐트
미용사	парикмахер	빠리흐마헤르
연금자	пенсионер	뻰시아니에르
통역사	переводчик(-ца)	뻬리봇칙크
교수	преподаватель	쁘리빠다봐쩰
판매원	продавец	쁘라다비에쯔
근로자(노동자)	рабочий	라보치이

사원(근무자)	служаший	슬루좌쉬이
건설가	строитель	스트로이쩰
기술자(기술공)	техник	쩨흐니크
교사	учитель	우치쩰
물리학자	физик	휘지크
화학자	химик	히미크
운전기사	шофер	쇠아효르
경제학자	экономист	에까나미스트
법학자	юрист	유리스트

여행 필수 러시아어 사전 1

표제와 간판

휴업	ЗАКРЫТО	자끄릐따
입구	ВХОД	프호트
출구	ВЫХОД	브의호트
당기시오	К СЕБЯ	끄 씨뱌
미시오	ОТ СЕБЯ	앗트 씨뱌
통행금지	ПРОХОД ВОСПРЕШЕН	
	쁘라호트 바스쁘리쉔	
직원 외 출입금지	СЛУЖЕБНЫЙ ВХОД	
	슬루줴에브늬이 프호트	
조심	ОСТОРОЖНО	아스따로즈나
자동차 조심	БЕРЕГИСЬ АВТОМОБИЛЯ	
	베레기스 아프또마빌야	
위험	ОПАСНО	아빠스타
주차장	СТОЯНКА	스따얀까
버스 정류장	ОСТАНОВКА АВТОБУСА	
	아스따노프까 아프또부사	
멈추시오	СТОЙТЕ	스또이쩨
가시오	ИДИТЕ	이지쩨
호텔	ГОСТИНИЦА	가스찌니짜

안내소	СПРОВОЧНОЕ БЮРО	
	스쁘라보치나에 뷰로	
화장실	ТУАЛЕТ	뚜알렛트
여성용	ДЛЯ ЖЕНЩИН	들야 쥐엔쉰
남성용	ДЛЯ МУЖЧИН	들야 무쉰
흡연 장소	МЕСТО ДЛЯ КУРЕНИЯ	
	메스따 들야 꾸렌니야	
미용실	ПАРИХМАХЕРСКАЯ	
	빠리흐마헤르스까야	
약국	АПТЕКА	앞쩨까
레스토랑	РЕСТОРАН	레스따란
대형 마트	УНИВЕРМАГ	우니베르막
영업 중	ОТКРЫТО	아트끄리타
수영 금지	КУПАТЬСЯ ЗАПРЕШЕНО	
	꾸빠찌아 자쁘리쉔나	
개조심	ОСТОРОЖНО ЗЛАЯ САБАКА	
	아스따로즈나 즐라야 싸봐까	
촬영 금지	ФОТОГРАФИРОВАТЬСЯ ЗАПРЕШАЕТСЯ	
	화따그라피라바찌아 자쁘리솨에찌아	
금연	НЕ КУРИТЬ	니 꾸리찌
안전 벨트 착용	ЗАСТЕГНИТЕ РЕМИН	
	자스쩨그니쩨 리에민	

여행 필수 러시아어 사전 ②

ㄱ

가격	стоимость	스또이마스쯔
감동	впечаеление	프뻬촤뜰렌이에
가득찬	полный	뽈릐이
가르치다	преподавать	쁘리빠다봐찌
가방	сумка	쑴까
가족	семья	씨미아
가지다	иметь	이몌찌
가지고 오다	принести	쁘리네스찌
간단한	простой	쁘라스또이
감기	простуда	쁘라스뚜다
감사하다	благодарить	블라가다리찌
갑자기	вдруг	브드루크
값이 비싸다	дорого	도라가
갓난아이	ребёнок	리비오나크
강의실	аудитория	아우지또리야
강한	сильный	씰릭이
개	сабака	싸바까
개선하다	улучшить	울루쉬이찌
거리	улица	울리짜
거북이	черепаха	취에레빠하
거스름돈	сдача	즈다차
거울	зеркало	제르깔로
거절하다	отказаться	아트까자찌아
거주자	житель	쥐의쩰

걱정	забота	자보따
건강	здоровье	즈다로비에
건네다	дать	다찌
건물	здание	즈단이에
건전지	батарея	바따레야
걷다	идти	잇찌
게시판	доска объявлений	
	다스까 아비블렌니이	
결과	результат	리줄따트
결정하다	решать	리쇠쓰
결혼식	свадебная цермония	
	스봐제브나야 찌르모니야	
경력	карьера	까리에라
경고	предостережение	
	쁘레다스쩨레젠니에	
경기장	стадион	스따지온
경보	тревога	뜨리에보가
경우	случай	슬루차이
경제	экономика	에까노미까
경찰관	милиция	밀리찌아
계란	яйцо	이이쪼
계산서	счёт	숏트
계약서	контракт	깐뜨락트
계획	план	쁠란
고기	мясо	먀쌰
고양이	кошка	꼬쉬까
고치다	ремонт	리몬트

고통	мука	무까
고르다	выбирать	브의비라찌
곡식	зерно	제르나
곤충	насекомое	나시꼬마에
곧바로	сразу	스라주우
골동품 가게	антикварная лавка 안찌끄봐르나야 라프까	
골프	гольф	골프
공간	место	메스따
공연	поставка	빠스따프까
공원	парк	빠르끄
공항	аэропорт	아에라뽀르트
과일	фрукты	푸루크트의
과자	печенье	뻬첸니에
과학	наука	나우까
관광	турист	뚜리스트
광장	площадь	쁠로쉬찌
광천수	минеральная вода	미네랄나야 봐다
괴롭히다	сокрушить	싸끄루쉬찌
교사	учитель	우치쩰
교수	профессор	쁘라페싸르
교통 규칙	правила движения 쁘라빌라 드리줸 니야	
교통사고	дорожно транспортное происшествие (ДТП) 다로즈나 뜨란스뽀르트나에 쁘라이스쉬에스트비에 (데떼뻬)	

교환하다	поменять, обменять	
	빠미니아찌, 아브메냐찌	
교회	церковь	찌르꼬피
구급차	скорая помощь	스꼬라야 뽀모쉬
구입하다	купить	꾸삐찌
구출하다	спасти	스빠스찌
국적	национальность	나찌아날나스찌
군대	армия	아르미야
굽다	печь	뻬에치
궁전	дворец	드봐레쯔
귀	ухо	우하
귀중품	ценности	쩬나스찌
규칙	правило	쁘라빌라
극장	театр	찌아뜨르
근면	прилежание	쁘릴레촨니에
금	золото	졸라따
금연석	место для некурящих	
	메스따 들야 니꾸랴쉬이흐	
금지하다	запрещаться	자브리쏴찌아
기간, 시대	период	뻬리오트
기념품	сувенир	수비니르
기다리다	ждать	즈다찌
기도	молить	몰리쯔
기독교 신자	христианин	흐리스찌아닌
기름	масло	마슬라
기분	чувство	추스트봐
기쁨	радость	라다스찌

기사	статья	스따찌아
기술	техника	쩨흐니까
기온	температура	찜뻬라뚜라
기입하다	заполнить	자뽈리쯔
기적	чудо	추다
기차	поезд	뽀예스트
기초	основа	아스노봐
기침	кашель	까쉘
기회	шанс	쉬안쓰
기후	климат	끌리마트
길	дорога	다로가
긴	длинный	들린늬이
깊은	глубокий	글루보끼
깨끗한	чистый	치스트의
깨다	разбить	라즈비찌
깨닫다	понять	빠냐찌
껴안다	обнять	아브냐찌
꽃	цвет	쯔비에트
꿀	мёд	묘트
꿈	сон	쏜
끓다	кипятить	끼뻐아쯔
끝내다	закончить	자꼰치찌

| 나 | Я | 야 |
| 나쁜 | плохой | 쁠라호이 |

나이	возраст	보스라스트
날다	лететь	리쩨쯔
날카로운	острый	오스트리이
남자	мужчина	무쉬나
낭비하다	тратить	뜨라찌쯔
노랑색	жёлтый	졸트의
노점	киоск	끼오스크
놀라게 하다	удивиться	우지비찌아
농구	баскетбол	바스껠볼
농담	шутка	쉬우트까
농학자	агроном	아그라놈
높이	высота	브의싸타
놓다	поставить, положить 빠스타비찌, 빨라쥐찌	
눈물	слёза	슬료자
느끼다	чувствовать	추스트봐바찌

ㄷ

다른	другой	드루고이
다리	мост	모스트
다시	снова	스노봐
다양한	разный	라즈늬이
다음	следующий	슬레두유쉬이
다치게 하다 (해를 끼치다)	вредить	브레지찌
닦다	полировать	뽈리라봐찌

단	сладкий	슬라트끼
단어	слово	슬로바
단체	группа	그루빠
단추	кнопка	끄노쁘까
닫다	закрыть	자크리찌
달	месяц	몌샤쯔
달러	доллар	돌라르
달력	календарь	갈롄다리
달리다	бегать	볘가찌
닭	курица	꾸리찌아
담배	табак	따바크
담요	одеяло	아지에얄로
답하다	отвечать	아트볘차찌
당기다(긴장시키다)	напрягать	나쁘리가찌
대리인	агент	아젠트
대사	посол	빠쏠
대사관	посольство	빠쏠스트봐
대중 교통	транспорт	뜨란스뽀르트
대통령	президент	쁘례지젠트
대학생	студент	스투졘트
대합실	зал ожидания	잘 아쥐단니야
더러운	грязный	그랴즈늬이
더하다	добавить	다바븨찌
던지다	бросать	브라싸찌
덥다	жарко	좌~아르까
도끼	топор	따뽀르
도달하다	достигать	다스찌가찌

도둑	вор	보르
도보	поход	빠호트
도서관	библиотека	비블리아쩨까
도시	город	고라트
도착하다	прийти	쁘리잇찌
돈	деньги	젱기
돌	камень	까몐
돌아오다	возвращаться	바즈브라쌰찌아
돕다	помочь	빠모치
동료	компания	깜빠니야
동물	животное	쥐보트나에
동물원	зоо парк	주우 빠르끄
동반하다	сопровождать	싸쁘라바즈다찌
동상	памятник	빠먀트니크
동양적	восточный	바스또츠늬이
동의하다	согласиться	싸글라시찌아
동쪽	восток	바스똑
돼지고기	свинина	스비니나
둥글다	круглый	크루글릐이
뒤	назад	나자트
드문	редкий	레트끼이
듣다	слушать	슬루솨찌
들어가다	входить	프하지찌
등기 우편	заказное письмо	자까잔나에 삐스모
등록	регистрация	레기스트라찌야
디저트	дисерт	지시에르트
따뜻하다	тепло	찌뿔로

땀	пот	뽀트
땅	земля	지믈야
떠나다	улететь	울리쩨찌
뜨겁다	горячно	가랴츠나

ㄹ

라디오	радио	라지오
러시아워	пробка	쁘로쁘까
레인코트	плащ	쁠라쉬
로비	лобби	로비
립스틱	губная помада	구브나야 빠마다

ㅁ

마루	пол	뽈
마른	сухой	수호이
마시다	пить	삐찌
마을	деревня	지레브냐
마지막	конец	까네쯔
막대	палка	빨까
만나다	встречать	프스뜨레촤찌
만년필	ручка	루치까
만들다	делать	지딸
만족하다	удовлетворить	우다블레트봐리찌
많은	много	므노가
말다툼	спор	스뽀르

말하다	говорить	가봐리찌
맛	вкус	브꾸스
맛있다	вкусно	브꾸스나
망설이다	колебать	깔레바찌
매끄러운	гладкий	글라트끼이
매우	очень	오친
매진	распраданный	라스쁘라단늬이
매운	острый	오스트릐이
머리	голова	갈라봐
머리카락	волосы	볼라식
머물다	остановиться	아스따나비찌아
머플러	шарф	쇠르프
먹다	есть	예스찌
멀다	далеко	달리꼬
메뉴	меню	미에뉴
면도하다	брить	브리찌
면허	лицензия	리쩬지야
모든	всё	프쇼
모양	вид	비트
모자	шляпа	쉴랴빠
모퉁이	уголь	우골
모피	мех	메흐
목	шей	쉐이
목걸이	ожерелье	아쥐~에렐이에
목록	лист	리스트
목소리	голос	골라스
목마르다	жаждать	좌쥐다찌

목적, 물체	объект	아비옉트
몫	доль	돌
무겁다	тяжело	찌쥘로
무게	вес	베스
무료의	бесплатный	베스쁘랄트늬이
무서운	ужасный	우좌스늬이
무서워하다	бояться	바야찌아
무역	торговля	따르고블랴
문	дверь	드베리
문학	литература	리쩨라뚜라
묻다	спрашивать	스쁘라쉬봐찌
물	вода	봐다
물고기	рыба	릐봐
미끄러운	скользкий	스꼴스끼이
미래	будущее	부두쉐에
미술관	галерея	갈레례야
미안하다	извиниться	이즈비닛찌아
미친	безумный	베주움늬이
미혼	неженатый(незамужем) 니쥐나트의(니자무쥐엠)	
믿다	верить	베리찌
밀가루	мука	무까

ㅂ

바꾸다	изменять	이즈메냐찌
바닷가	пляж	쁠랴쉬
바라다	надеяться	나제야찌아
바람	ветер	베쩨르
바로	именно	이멘나
바쁘다	занятый	자냐틔이
바지	брюки	브류끼
박물관	музей	무제이
밖으로	на улицу	나 울리쭈
반	половина	빨라비나
반갑다	рад(а)	라트(라다)
반값	полцены	뽈쩨늬
반복하다	повторять	빠프따랏찌
반씩	пополам	빠빨람
반찬	закуски	자꾸스끼
반창고	липкий	리쁘끼이
받다	получить	빨루치찌
발	нога	나가
발급하다	выпускать	브의뿌스까찌
발달하다	развивать	라즈비봐찌
발코니	балкон	발꼰
밝다	яркий	야르끼이
밤	ночь	노치
밥	варенный рис	바렌늬이 리스

방문	посещение	빠시쉔니에
방해	препятствие	쁘리빳스트비에
방향	направление	나쁘라블레니에
배	живот	쥐보트
배고프다	голодный	갈로드늬이
배부르다	сытый	싁트의
배우다	учиться	우치찌아
배우자	супруг(а)	수쁘루크(수쁘루가)
백화점	универмаг	우니베르막
버릇	привычка	쁘리븨의츠까
버리다	бросать	브라싸찌
버스	автобус	아프또부스
버터	масло	마슬로
버튼	кнопка	크노쁘까
번호	номер	노메르
벌다	зарабатывать	자라바트의봐찌
법	закон	자꼰
벗다	радеваться	라제봐찌아
변상	возмещение	바즈미쉔이에
병원	больница	발니짜
보고	доклад	다클라트
보내다	отправлять	아트쁘라블랴찌
보다	смотреть	스마프레찌
보답	вознаграждение	봐즈나그라젠 니에
보석	драгоценный камень 드라가쩬늬이 까멘	
보여주다	показывать	빠까즤봐찌

225

보증	гаранция	가란찌야
보증금	залог	잘로크
보충	дополение	다빨레니에
보험	страхование	스트라호반니에
복잡	сложность	슬로즈나스찌
복장	наряд	나랴트
볼트	болт	볼트
봉사	услуга	우슬루가
봉사료	плата за обслуживание	
	쁠라따 자 앞슬루쥐반니에	
봉투	конверт	깐베르트
(세금 등의)부과	наложение	날라쥐엔니에
부끄럽다	стыдный	스트의드늬이
부드럽다	мягкий	먀흐끼이
부딪치다	сталкиваться	스딸끼봐씨아
부르다	называть(звать)	니즤봐찌(즈바찌)
부분	часть	촤아찌
부인	жена	쥐이나
부족	недостаточность	
	니다스따또치나스찌	
부활절	пасха	빠스하
분실	потеря	빠쩨랴
분야	область	오블라스찌
분홍색	розовый цвет	
	로자븨의 쯔비에트	
불	огонь	아곤
불결한	грязный	그랴즈늬이

불교	будизм	부지즘
불안	беспокойство	베스빠꼬이스트봐
불안정	колебание	깔리반이에
불운	несчастье	니솨스찌에
불쾌한	неприятный	니쁘리얏트늬이
불편	неудобство	니우돕스트봐
불합격품	брак	브라크
비	дождь	도쥐이
비교	сравность	스라브나스찌
비누	мыло	믜일라
빈	пустой	뿌스또이
비슷하다	похожий	빠호즥이
비용	стоимость	스또이마스찌
비웃다	смеяться	스메얏찌아
비위생적	антисанитарный	안찌싸니따르늬이
비행	полёт	빨료트
비행기	самолёт	싸말료트
빈곤한	бедный	베드늬이
빈자리	свободное место	
	스봐보드나에 미에스따	
빠르다	быстро	븨스뜨라
빨리	скоро	스꼬라
빵	хлеб	흘리에쁘
빼먹다	пропускаться	쁘라뿌스까찌아
뻔뻔한	наглый	나글의이

ㅅ

사건	событие	사븨찌에
사격	выстрел	브의스트렐
사고	несчастный случай	니쌰스늬이 슬루차이
사과하다	извиняться	이즈비냐찌아
사과	яблоко	야블라까
사냥	охота	오호따
사다	покупать	빠꾸빠찌
사람	человек	칠라벡
사랑하다	любить	류비찌
사실	факт	확트
사업	бизнес	비즈네스
사용하다	употребляться	우빠드레블랴찌아
사용법	инструкция	인스뜨룩찌아
사진	фотография	화따그라피야
사탕무	свёкла	스뵤끌라
사투리	диалект	자알렉트
사회	общество	옵쉐스트봐
산책	прогулка	쁘라굴까
살다	жить	쥐찌
살찌다	толстеть	딸스쩨찌
삶다	варить	봐리쯔
상세	подробность	빠드로브나스찌
상자	ящик	야쉬크

228

상태	состояние	싸스따야니에
상태	марка	마르까
상품	товар	따바르
새	птица	쁘찌짜
새벽	рассвет	라스베트
색	цвет	쯔비에트
생각하다	думать	두마찌
생산	производство	쁘라이즈보트스트봐
생활	жизнь	쥐즌
샴푸	шампунь	샴푼
서두르다	спешить	스뻬쉬이찌
서류	документ	도꾸멘트
서명	подпись	뽀트삐시
섞이다	смешиваться	스메쉬이봐찌아
선물	подарок	빠다로크
선심	доброта	도브라따
선택하다	выбрать	브의브라찌
설탕	сахар	싸하르
섬세한	изящный	이쟈쉬니이
성공	успех	우스뻬흐
성내다	обижаться	아비좌찌아
성상	икона	이꼬나
성의	искренность	이스크렌나스찌
성질	характер	하락쩨르
세계	мир	미르
세탁하다	стирать	스찌라찌

셔츠	рубашка	루바쉬까
소리치다	кричать	크리촤찌
소변	моча	모차
소음	шум	쑴
소화	пищеварение	삐쉐바렌니에
속도	скорость	스꼬라스찌
속이다	обманывать	아브마늬봐찌
손	рука	루까
손해	убыток	우븨톡크
솜씨	мастерство	마스쩨르스트봐
쇼핑백	пакет	빠께트
쇼핑센터	торговый центр	따르고브의 쩬뜨르
수건	полотенце	빨라쩬쩨
수고	труды	뜨루드
수도	столица	쓰딸리짜
수리	ремонт	리몬트
수수료	комиссионные	까미시온늬이
수신	получение	빨루첸니에
수요	спрос	스쁘로스
수입	импорт	임뽀르트
수줍어하다	стесняться	스쩨스냐찌아
수출	экспорт	엑스뽀르트
수화기	трубка	뜨루쁘까
숙박	проживание	쁘라쥐반니에
순간	мгновение	므그나벤니에
숟가락	ложка	로쉬까

쉬다	отдыхать	아듸하찌
스커트	юбка	유쁘까
스키	лыжи	리쥐의
스타일	стиль	스찔
스트레스	стресс	스프레스
슬퍼하다	огорчаться	아가르촤찌아
습관	привычка	쁘리브의츠까
습기	влажность	블라즈나스찌
승강기	лифт	리프트
승무원	экипаж	에끼빠쉬
시간	время	브리에먀
시간표	расписание	라스쁴싼니에
시계	часы	치싀
시골	деревня	지레브냐
시작	начало	나찰로
시장	базар, рынок	바자르, 릐녹크
시합	игра	이그라
식구	семья	씨미야
식당	ресторан	레스따란
식사	еда	예다
신맛의	кислый	끼슬릐이
신문	газета	가제따
신선한	свежий	스베쥐의이
싣다	грузить	그루지찌
실수	ошибка	아쉬쁘까
싫어하다	ненавидеть	니나비젯찌
심부름	поручение	빠루첸니에

심심한	скучный	스꾸츠늬이
쌀	рис	리스
(글씨를)쓰다	писать	삐싸찌
(모자 등을)쓰다	носить	나씨찌
쓰러지다	падать	빠다찌
쓴	горкий	고르끼이
쓸데없다	безполезно	베스빨레즈나
씻다	мыть	므의찌

아기	ребёнок	리뵤낙
아래	нижний	니쥐의니이
아름다운	красивый	끄라시븨이
아이스크림	мороженое	마로쥉 나에
아프다	болеть	발레즈
안개	туман	뚜만
안경	очки	아치끼
안정	покой	빠꼬이
앉다	сидеть	씨젯찌
알다	знать	즈나찌
알레르기	аллергия	알레르기야
알리다	сообщать	샤앞쏴찌
알코올	алкоголь	알까골
애먹다	трудиться	뜨루짓찌아
액체	житкость	쥐트까스찌
앰뷸런스	машина скорой помощи	

마쉬나 스꼬라이 뽀모쉬이

한국어	러시아어	발음
야경	ночной вид	나치노이 비트
야채	зелень	젤렌
약	лекарство	리까르스트봐
약간	немного	니므노가
약도	план	쁠란
약속	обешание	아비샨니에
약한	слабый	슬라븨의
양념	специя	스뻬찌야
양배추	капуста	까뿌스따
양복	костюм	가스쯤
어둡다	тёмный	쫌늬이
어떻게	как	까끄
어린	молодой	말라도이
언쟁	ссора	쏘라
얼굴	лицо	리쪼
얼룩	пятно	삐아뜨나
얼마	сколько	쓰꼴까
얼음	лёд	료트
엄한	строгий	스트로기이
엉망	беспорядок	베스빠랴도크
에너지	энергия	에네르기야
에어컨	кондиционер	칸지찌아녜르
여가	досуг	다수크
여권	паспорт	빠스뽀르트
여행	путешествие	뿌찌쉐스트비에
여행 안내서	путеводитель	뿌쩨바지이 쩰

여행자	турист	뚜리스트
기차 역	вокзал	바그잘
연기	отсрочка	앗쓰로치까
연락	контакт	깐딱트
연료	отпливо	아뜨쁠리봐
연상	старший	스따르싀이
연주	исполнение	이스빨렌니에
열	жар	좌르
열광	восторг	바스또르크
열쇠	ключ	끌류치
영수증	квитанция	끄비딴찌아
영양	питание	삐딴니에
영어	английский язык 안글리스끼이 이즥크	
영하	минус	미누스
영화	кино	끼노
예리한	острый	오스트릐 이
예비	подготовка	빠드가또프까
예상	ожидание	아쥐단니에
예술	искусство	이스꾸스트봐
예외	исключение	이스끌류첸니에
예의	приличия	쁘릴리치야
오늘	сегодня	시보드냐
오다	прийти	쁘리잇찌
오렌지	апельсин	아뻴씬
오르다	подниматься	빠드니마찌아
오른쪽	правый	쁘라브의

오믈렛	омлет	오믈렛트
오이	огурец	아구례쯔
오페라	опера	오뻬라
옥수수	кукуруза	꾸꾸루자
온도	температура	찜뻬라뚜라
올리브	олива	올리봐
옷	одежда	아제즈다
완제품	готовое изделие 가또봐에 이즈젤렌니에	
왕복	туда и обратно 뚜다 이 아브라뜨나	
외국인	иностранец	인나스뜨라니에쯔
외환	валюта	발류따
왼쪽의	левый	레브의
요구	требование	뜨레바반니에
요금	плата	쁠라따
요리	кухня	꾸흐냐
우스운	смешной	스미쉬노이
우유	молоко	말라꼬
우정	дружба	드루즈봐
우체국	почта	뽀츠따
우편 번호	почтовый индекс 뽀츠따븨이 인젝스	
우표	марка	마르까
운송	перевоз	뻬리보스
운전	вождение	봐줴니에
운하	канал	까날

한국어	Русский	발음
울다	плакать	쁠라까찌
원인	причина	쁘리치나
원하다	хотеть	하쩨찌
월	месяц	메쌰쯔
웨이터	официант	아피짠트
위	желудок	쥐일루또크
위반하다	нарушать	나루솨찌
위조	подделка	빠젤까
위치	позиция	빠지찌야
위험하다	опасно	아빠스나
유럽	Европа	이브로빠
유쾌한	весёлый	비숄리이
은행	банк	반크
이용	употребление	우빠뜨레블레니에
(과일 등이)익은	зрелый	즈렐리이
인상	впечатление	프뻬촤뜰레니에
인정하다	признать	쁘리즈나찌
일등석	первый класс	뻬르브이 끌라스
(사건 등이)일어나다	случаться	슬루촤찌아
일찍	рано	라나
잃다	терять	쩨럇찌
임대	аренда, прокат	아렌다, 쁘라까트
입	рот	롯트
입구	выход	브의호트
입다	одеваться	아제봐찌아
입맛	аппетит	아뻬찌트

236

입구	вход	프호트
잊다	забывать	자브의봐찌

자다	спать	스빠찌
자동차	автомобиль	아프토마빌
자동 판매기	автомат	아프토마트
자리	место	메스따
자명종	будильник	부질니크
자켓	пиджак	삐좌크
작은	малый	말릐이
작별	прощание	쁘라쉔니에
작업	рабата	라보따
잔액	баланс, остаток	발란스, 아스따똑크
잠깐	ненадолго	니나돌가
잠들다	засыпать	자식 빠찌
잡지	журнал	주르날
잡화	галантерия	갈란쩨리야
장갑	перчатки	뻬르촤트끼
장남감	игрушка	이그루쉬까
장사	торговля	따르고블랴
장신구	украшение	우끄라쉔니에
장점	достоинство	다스또인스트봐
장화	батинки	바찐끼
재고	запас	자빠스

재다	измерять	이즈메랏찌
재미	веселье	비셀리에
재촉하다	торопить	따라삐찌
저녁	вечер	볘체르
저당	залог	잘로크
저울	весы	볘싀
적다	мало	말라
적당하다	доступно	다스뚜쁘나
적외선	инфракрасные лучи 인프라끄라스늬에 루치	
전기	электричество	엘렉트리체스트봐
전매 특허	пацент	빠찌엔트
전문가	эксперт	엑스뻬르트
전보	телеграмма	찔리그라마
전시	выставка	브의스따프까
전적으로	вполне	프뽈녜
전해주다	передать	뻬리다찌
전혀	совсем	싸프쎔
전화	телефон	찔리폰
젊은	молодой	말라도이
접수	приём	쁘리욤
정보	информация	인포르마찌야
정오	полдень	뽈젠
정원	сад	싸트
정지	остановление	아스따나블렌니에
정확한	точный	또츠늬이
제공	поставление	빠스따블렌니에

제안	предложение	쁘리들라줼니에
제한하다	ограничать	아그라니촤찌
조건	условие	우슬로비에
조금	немного	니므노가
조심하다	осторожно	아스따로즈나
조용한	тихий	찌히이
졸다	драмать	드라마찌
좁은	тесный	쩨스늬이
종교	религия	릴리기야
종류	сорт	쏘르트
좋은	хороший	하로쉬이
좋다	хорошо	하라쇼
좌석	место	메스따
주거	жильё	쥘리요
주다	дать	다찌
주문	заказ	자까스
주유소	бензозаправочная станция	벤자자쁘라보츠나야 스딴찌야
주의	внимание	브니만이에
주차	стояние	스따얀니에
죽	каша	까솨
준비	приготовление	쁘리가또블렌니에
준비하다	приготовлять	쁘리가또블랴찌
중단	прекращение	쁘리끄라쉔니에
중요한	важный	바쥐늬이
쥐다	держать	제르좌찌
즐거워하다	восхищаться	바스히솨찌아

즐기다	развлекаться	라스블리까찌아
증대	увеличение	우빌리첸니에
증명서	свидетельство	스비제젤스트봐
지겹다	скучно	스꾸츠나
지도	карта	까르따
지불	плата	쁠라따
지연	задержка	자제즈쉬까
지출	расход	라스호트
직접	прямо	쁘랴마
직행	прямая линия	쁘랴마야 린니야
진실	правда	쁘라브다
질	качество	까체스트봐
질문	вопрос	봐쁘로스
질서	порядок	빠랴독크
짐	груз	그루스
짜다	солёный	살룐늬이
짧다	короткий	까로뜨끼이
찌개	котелок	까쩰로크
찌다	варить	봐리찌

ㅊ

차고	гараш	가라쉬
차다	холодный	할로드늬이
차이	разница	라즈니짜
착륙	приземление	쁘리지믈렌니에
착한	добрый	도브릐이

참다	терпеть	쩨르뻬찌
찻잔	чашка	촤쉬까
찾다	искать	이스까찌
채우다	наполнять	나뽈냐찌
책임	ответственность	
	아트베트스트벤나스찌	
처녀	девушка	제부쉬까
처음	начало	나찰로
철도	железная дорога	
	쥘레즈나야 다로가	
청소	чистка	치스트까
체크아웃하다	выписаться из гостиницы	
	브의삐싸찌아 이즈 가스찌니쨔	
초과	избыток	이즈브의똑크
초대	приглашение	쁘리글라쉐니에
최신 유행	последняя мода	
	빠슬레드냐야 모다	
최초	первый раз	뻬르브이 라스
추가	добавление	다바블레니에
축하하다	поздравлять	빠즈드라블랴찌
취소하다	отменять	아트메냐찌
치다(때리다)	бить	브의찌
치료	лечение	리쳰니에
치우다	убирать	우비라찌
친절	любезный	류베즈늬이
친척	родство	로트스트봐
침대	постель	빠스쩰

241

침대차	спальный вагон	스빨늬이 바곤

ㅋ

카드	корточка	까르또츠까
카메라	фотоаппарат	화따아빠라트
칼	нож	노쉬
캔 맥주	банка	반까
커피	кофе	꼬페
컨디션	состояние	싸스따야니에
케이크	торт	또르트
코	нос	노스
코감기	насморк	나스마르크
코르크	пробка	쁘로쁘까
콘서트	концерт	깐쩨르트
콘센트	розетка	라제트까
크기	размер	라즈메르
크다	большой	발쇼이
크레믈	кремль	크레믈
크리스탈	христаль	흐리스딸
키	рост	로스트
키스하다	целовать	쩰라봐찌
킬로그램	килограмм	찔라그람

ㅌ

탄생	рождение	라젠 니에
탈의실	раздевальня	라제발냐
털가죽	шкура	쉬꾸라
털모자	шапка	샤쁘까
털옷	шерстяная одежда	
	쉐르스쨘나야 아제즈다	
토마토	помидор	빠미도르
토막	кусок	꾸쏙크
통과	проезд	쁘라예스트
통구이	зажаренная туша	자좌렌나야 뚜솨
통보	сообщение	싸앞쉔니에
통신	связь	스뱌스
통역	перевод	뻬리보뜨
통조림	консервы	깐세르브의
통증	боль	볼
튀김	жареное	좌렌나에
특권	преимущество	쁘리이무쉐스트봐
특별한	особый	아쏘브의
특허	пациент	빠찌엔트
튼튼하다	здоровый	즈다로브의
티켓	билет	빌리에트
팁	чаевые	차에븨에

ㅍ

파손	ломка	롬까
파이	пирог	삐록크
판매	продажа	쁘라다좌
판자	доска	다스까
팔	рука	루까
팔다	продавать	쁘라다봐찌
패션	мода	모다
팬케이크	блин	블린
펑크	прокол	쁘라꼴
편안	компорт	깜뽀르트
편의	удобство	우돕스트봐
편지	письмо	삐스모
평범	простота	쁘라스따따
폐쇄	закрытие	자끄릐찌에
포장하다	упаковывать	우빠까브의봐찌
포즈	поза	뽀자
포크	вилка	빌까
표시	знак	즈낙크
프로그램	программа	쁘라그라마
플래시	вспышка	프스쁴쉬까
플레이크	хлопья	홀로빠
피곤하다	устать	우스따찌
필름	фильм	필름
필요	нужда	누즈다

필요하다	нужно	누즈나

ㅎ

하루	день	젠
하차하다	выходить	브의하지찌
한가하다	свободно	스바보드나
한꺼번에	сразу	스라주
함께	вместе	브몌스쩨
핫도그	булочка с горячей сосиской	
	블로츠까 스 가랴체이 싸씨스까이	
항공	авиация	아비아찌야
항의	протест	쁘라쩨스트
핫케이크	блин	블린
핸드백	сумка	쑴까
햄버거	бутерброд	부쩨르브로트
향수	духи	두히
허가하다	разрешать	라즈레솨찌
현금	наличные	날리치늬에
호텔	гостиница	가스찌니짜
호프	хмель	흐멜
화가	художник	후도즈닉크
화장실	туалет	뚜알렛트
확신하다	уверено	우베레나
환불하다	возмещать	바즈미솨찌
환율	курс	꾸르스
회사	компания	깜빠니야

훔치다	(у)красть	(우)끄라씨찌
휘발유	бензин	벤진
휴가	отпуск	오트뿌스크
휴대하다	носить	나시찌
흠	дефект	지펙트
흡연	курéние	꾸렌니에
흥미	интерес	인쩨레스
힘있는	мошный	모쉬늬이

가림출판사 • 가림M&B • 가림Let's 에서 나온 책들

문 학

바늘구멍 켄 폴리트 지음
홍영의 옮김 / 신국판 342쪽 / 5,300원

레베카의 열쇠 켄 폴리트 지음
손연숙 옮김 / 신국판 492쪽 / 6,800원

암병선 니시무라 쥬코 지음
홍영의 옮김 / 신국판 300쪽 / 4,800원

첫키스한 얘기 말해도 될까 김정미 외 7명 지음 / 신국판 / 228쪽 / 4,000원

사미인곡 上·中·下
김충호 지음 / 신국판 / 각 권 5,000원

이내의 끝자리 박수와 스님 지음
국판변형 / 132쪽 / 3,000원

너는 왜 나에게 다가서야 했는지
김충호 지음 / 국판변형 / 124쪽 / 3,000원

세계의 명언
편집부 엮음 / 신국판 / 322쪽 / 5,000원

여자가 알아야 할 101가지 지혜 제인 아서 엮음 / 지창ووی 옮김 / 4×6판 / 132쪽 / 5,000원

현명한 사람이 읽는 지혜로운 이야기
이정민 엮음 / 신국판 / 236쪽 / 6,500원

성공적인 표정이 당신을 바꾼다 마츠오 도오루 지음 / 홍영의 옮김 / 신국판 / 240쪽 / 7,500원

태양의 법 오오카와 류우호오 지음
민병수 옮김 / 신국판 / 246쪽 / 8,500원

영원의 법 오오카와 류우호오 지음
민병수 옮김 / 신국판 / 240쪽 / 8,000원

석가의 본심 오오카와 류우호오 지음
민병수 옮김 / 신국판 / 246쪽 / 10,000원

옛 사람들의 재치와 웃음 강형중·김경익 편저 / 신국판 / 316쪽 / 8,000원

지혜의 쉼터 쇼펜하우어 지음 / 김충호 엮음
4×6판 양장본 / 160쪽 / 4,300원

헤세가 너에게 헤르만 헤세 지음 / 홍영의 엮음
/ 4×6판 양장본 / 144쪽 / 4,500원

사랑보다 소중한 삶의 의미 크리슈나무르티 지음 / 최유영 엮음 / 신국판 / 180쪽 / 4,000원

장자-어찌하여 알 속에 털이 있다 하는가
홍영의 엮음 / 4×6판 / 180쪽 / 4,000원

논어-배우고 때로 익히면 즐겁지 아니한가
신도희 엮음 / 4×6판 / 180쪽 / 4,000원

맹자-가까이 있는데 어찌 먼 데서 구하려 하는가
홍영의 엮음 / 4×6판 / 180쪽 / 4,000원

아름다운 세상을 만드는 **사랑의 메시지 365**
DuMont monte Verlag 엮음 / 정성호 옮김
4×6판 변형 양장본 / 240쪽 / 8,000원

황금의 법 오오카와 류우호오 지음
민병수 옮김 / 신국판 / 320쪽 / 12,000원

왜 여자는 바람을 피우는가? 기셀라 룬테 지음
김현성·진정미 옮김 / 국판 / 200쪽 / 7,000원

세상에서 가장 아름다운 선물
김인자 지음 / 국판변형 / 292쪽 / 9,000원

수능에 꼭 나오는 한국 단편 33
윤종필 엮음 / 신국판 / 704쪽 / 11,000원

수능에 꼭 나오는 한국 현대 단편 소설
윤종필 엮음 및 해설 / 신국판 / 364쪽 / 11,000원

수능에 꼭 나오는 세계단편(영미권) 지창영 옮김 / 윤종필 엮음 및 해설 / 신국판 / 328쪽 / 10,000원

수능에 꼭 나오는 세계단편(유럽권) 지창영 옮김 / 윤종필 엮음 및 해설 / 신국판 / 360쪽 / 11,000원

건 강

아름다운 피부미용법 이순희(한독피부미용학원 원장) 지음 / 신국판 / 296쪽 / 6,000원

버섯건강요법 김병각 외 6명 지음

성인병과 암을 정복하는 유기게르마늄 이상현 편저 / 카오 샤오이 감수 / 신국판 / 312쪽 / 9,000원

난치성 피부병 생약효소연구원 지음
신국판 / 232쪽 / 7,500원

新 **방약합편**
정도명 편역 / 신국판 / 416쪽 / 15,000원

자연치료의학 오홍근(신경정신과 의학박사·자연의학박사) 지음 / 신국판 / 472쪽 / 15,000원

약초의 활용과 가정한방 이인성 지음
신국판 / 384쪽 / 8,500원

역전의학 이시하라 유미 지음 / 유태종 감수
신국판 / 286쪽 / 8,500원

이순희식 순수피부미용법 이순희(한독피부미용학원 원장) 지음 / 신국판 / 304쪽 / 7,000원

21세기 당뇨병 예방과 치료법 이현철(연세대 의대 내과 교수) 지음 / 신국판 / 360쪽 / 9,500원

신재용의 민의학 동의보감 신재용(해성한의원 원장) 지음 / 신국판 / 476쪽 / 10,000원

치매 알면 치매 이긴다 배오성(백상한방병원 원장) 지음 / 신국판 / 312쪽 / 10,000원

21세기 건강혁명 밥상 위의 보약 생식 최경순 지음 / 신국판 / 348쪽 / 9,800원

기치유와 기공수련 윤한홍(기치유 연구회 회장) 지음 / 신국판 / 340쪽 / 12,000원

만병의 근원 스트레스 원인과 퇴치 김지혁(김지혁한의원 원장) 지음 / 신국판 / 324쪽 / 9,500원

김종성 박사의 뇌졸중 119 김종성 지음
신국판 / 356쪽 / 12,000원

탈모 예방과 모발 클리닉 장정훈 · 전재홍 지음 / 신국판 / 252쪽 / 8,000원

구태규의 100% 성공 다이어트 구태규 지음
4×6배판 변형 / 240쪽 / 9,900원

암 예방과 치료법 이춘기 지음
신국판 / 296쪽 / 11,000원

알기 쉬운 위장병 예방과 치료법
민영일 지음 / 신국판 / 328쪽 / 9,900원

이온 체내혁명 노보루 야마노이 지음 / 김병관 옮김 / 신국판 / 272쪽 / 9,500원

어혈과 사혈요법
정지천 지음 / 신국판 / 308쪽 / 12,000원

약손 경락마사지로 건강미인 만들기 고정환 지음 / 4×6배판 변형 / 284쪽 / 15,000원

정유정의 LOVE DIET 정유정 지음
4×6배판 변형 / 196쪽 / 10,500원

머리에서 발끝까지 예뻐지는 부분다이어트
신상만 · 김선민 지음 / 4×6배판 변형 / 196쪽 / 11,000원

알기 쉬운 심장병 119 박승정 지음
신국판 / 248쪽 / 9,000원

알기 쉬운 고혈압 119 이정균 지음
신국판 / 304쪽 / 10,000원

여성을 위한 부인과질환의 예방과 치료
차선희 지음 / 신국판 / 304쪽 / 10,000원

알기 쉬운 아토피 119
이승규 · 임승엽 · 김문호 · 안유일 지음 / 신국판 / 232쪽 / 9,500원

120세에 도전한다 이권행 지음
신국판 / 308쪽 / 11,000원

건강과 아름다움을 만드는 요가 정판식 지음
4×6배판 변형 / 224쪽 / 14,000원

우리 아이 건강하고 아름다운 롱다리 만들기
김성훈 지음 / 대국전판 / 236쪽 / 10,500원

알기 쉬운 허리디스크 예방과 치료
이종서 지음 / 대국전판 / 336쪽 / 12,000원

소아과 전문의에게 듣는 알기 쉬운 소아과 119
신영규 · 이강우 · 최성항 지음 / 4×6배판 변형 / 280쪽 / 14,000원

피가 맑아야 건강하게 오래 살 수 있다
김영찬 지음 / 신국판 / 256쪽 / 10,000원

웰빙형 피부 미인을 만드는 나만의 셀프 피부건강
양해원 지음 / 대국전판 / 144쪽 / 10,000원

내 몸을 살리는 생활 속의 웰빙 항암 식품
이승남 지음 / 대국전판 / 248쪽 / 9,800원

마음한글, 느낌한글 박완식 지음
4×6배판 / 300쪽 / 15,000원

웰빙 동의보감식 발마사지 10분 최미희 지음 / 신재용 감수 / 4×6배판 변형 / 204쪽 / 13,000원

아름다운 몸, 건강한 몸을 위한 목욕 건강 30분
임하성 지음 / 대국전판 / 176쪽 / 9,500원

내가 만드는 한방생주스 60 김영섭 지음
국판 / 112쪽 / 7,000원

몸을 살리는 건강식품 백은희 · 조창호 · 최양진 지음 / 신국판 / 384쪽 / 11,000원

건강도 키우고 성적도 올리는 자녀 건강
김진돈 지음 / 신국판 / 304쪽 / 12,000원

알기 쉬운 간질환 119 이관식 지음
신국판 / 264쪽 / 11,000원

밥으로 병을 고친다 허봉수 지음
대국전판 / 352쪽 / 13,500원

알기 쉬운 신장병 119 김형규 지음
신국판 / 240쪽 / 10,000원

마음의 감기 치료법 우울증 119 이민수 지음
대국전판 / 232쪽 / 9,800원

관절염 119 송영욱 지음
대국전판 / 224쪽 / 9,800원

내 딸을 위한 미성년 클리닉 강병문 · 이향아 · 최정원 지음 / 국판 / 148쪽 / 8,000원

암을 다스리는 기적의 치유법 케이 세이헤이 감수 · 카와키 나리카즈 지음 / 민병수 옮김
신국판 / 256쪽 / 9,000원

스트레스 다스리기 대한불안장애학회 스트레스관리연구특별위원회 지음 / 신국판 / 304쪽 / 12,000원

천연 식초 건강법 건강식품연구회 엮음 / 신재용(해성한의원 원장) 감수 / 신국판 / 252쪽 / 9,000원

암에 대한 모든 것 서울아산병원 암센터 지음
신국판 / 360쪽 / 13,000원

알록달록 컬러 다이어트 이승남 지음
국판 / 248쪽 / 10,000원

당신도 부모가 될 수 있다 정병준 지음
신국판 / 268쪽 / 9,500원

키 10cm 더 크는 키네스 성장법
김양수 · 이종균 · 최형regna · 표재환 지음
대국전판 / 316쪽 / 12,000원

당뇨병 백과 이현철 · 송영득 · 안철우 지음
4×6배판 변형 / 396쪽 / 16,000원

호흡기 클리닉 119 박성학 지음
신국판 / 256쪽 / 10,000원

교 육

우리 교육의 창조적 백색혁명
원상기 지음 / 신국판 / 206쪽 / 6,000원

현대생활과 체육 조창남 외 5명 공저
신국판 / 340쪽 / 10,000원

퍼펙트 MBA IAE유학네트 지음
신국판 / 400쪽 / 12,000원

유학길라잡이 Ⅰ - 미국편 IAE유학네트 지음
4×6배판 / 372쪽 / 13,900원

유학길라잡이 Ⅱ - 4개국편 IAE유학네트 지음
4×6배판 / 348쪽 / 13,900원

조기유학길라잡이.com IAE유학네트 지음
4×6배판 / 428쪽 / 15,000원

현대인의 건강생활 박상호 외 5명 공저
4×6배판 / 268쪽 / 15,000원

천재아이로 키우는 두뇌훈련 나카마츠 요시로
지음 / 민병수 옮김 / 국판 / 288쪽 / 9,500원

두뇌혁명 나카마츠 요시로 지음 / 민병수 옮김 /
4×6배판 양장본 / 288쪽 / 12,000원

테마별 고사성어로 익히는 한자 김경익 지음
4×6배판 변형 / 248쪽 / 9,800원

$^+$생 공부비법 이은승 지음
대국전판 / 272쪽 / 9,500원

자녀를 성공시키는 **습관만들기**
배은경 지음 / 대국전판 / 232쪽 / 9,500원

한자능력검정시험 1급
한자능력검정시험연구위원회 편저
4×6배판 / 568쪽 / 21,000원

한자능력검정시험 2급
한자능력검정시험연구위원회 편저
4×6배판 / 472쪽 / 18,000원

한자능력검정시험 3급(3급II)
한자능력검정시험연구위원회 편저
4×6배판 / 440쪽 / 17,000원

한자능력검정시험 4급(4급II)
한자능력검정시험연구위원회 편저
4×6배판 / 352쪽 / 15,000원

한자능력검정시험 5급
한자능력검정시험연구위원회 편저
4×6배판 / 264쪽 / 11,000원

한자능력검정시험 6급
한자능력검정시험연구위원회 편저
4×6배판 / 168쪽 / 8,500원

한자능력검정시험 7급
한자능력검정시험연구위원회 편저
4×6배판 / 152쪽 / 7,000원

한자능력검정시험 8급
한자능력검정시험연구위원회 편저
4×6배판 / 112쪽 / 6,000원

볼링의 이론과 실기 이택상 지음
신국판 / 192쪽 / 9,000원

고사성어로 끝내는 천자문 조준상 글·그림
4×6배판 / 216쪽 / 12,000원

내 아이 스타 만들기
김민성 지음 / 신국판 / 200쪽 / 9,000원

교육 1번지 강남 엄마들의 수험생 자녀 관리
황송주 지음 / 신국판 / 288쪽 / 9,500원

초등학생이 꼭 알아야 할 **위대한 역사 상식** 우진영·이양경
지음 / 4×6배판변형 / 228쪽 / 9,500원

초등학생이 꼭 알아야 할 **행복한 경제 상식** 우진영·전선심
지음 / 4×6배판변형 / 224쪽 / 9,500원

초등학생이 꼭 알아야 할 **재미있는 과학상식** 우진영·정경희
지음 / 4×6배판변형 / 220쪽 / 9,500원

한자능력검정시험 3급·3급II 한자능력검정시험연
구위원회 편저 / 4×6판 / 380쪽 / 7,500원

초등학생 독서 논술(저학년) 책마루 독서교육연
구회 지음 / 4×6배판 변형 / 244쪽 / 14,000원

초등학생 독서 논술(고학년) 책마루 독서교육연
구회 지음 / 4×6배판 변형 / 236쪽 / 14,000원

놀면서 배우는 경제 김솔 지음
대국전판 / 196쪽 / 10,000원

취미·실용

김진국과 같이 배우는 와인의 세계
김진국 지음 / 국배판 변형양장본(올 컬러판) /
208쪽 / 30,000원

경제·경영

CEO가 될 수 있는 성공법칙 101가지
김승룡 편역 / 신국판 / 320쪽 / 9,500원

정보소프트 김승룡 지음
신국판 / 324쪽 / 6,000원

기획대사전 다카하시 겐코 지음
홍영의 옮김 / 신국판 / 552쪽 / 19,500원

맨손창업·맞춤창업 BEST 74
양혜숙 지음 / 신국판 / 416쪽 / 12,000원

무자본, 무점포 창업! FAX 한 대면 성공한다
다카시로 고시 지음 / 홍영의 옮김 / 신국판 /
226쪽 / 7,500원

성공하는 기업의 **인간경영** 중소기업 노무 연구회
편저 / 홍영의 옮김 / 신국판 / 368쪽 / 11,000원

21세기 IT가 세계를 지배한다
김광회 지음 / 신국판 / 380쪽 / 12,000원

경제기사로 부자아빠 만들기 김기태·신현
태·박근수 공저 / 신국판 / 388쪽 / 12,000원

포스트 PC의 주역 **정보가전과 무선인터넷**
김광회 지음 / 신국판 / 356쪽 / 12,000원

성공하는 사람들의 **마케팅 바이블**
채수명 지음 / 신국판 / 328쪽 / 12,000원

느린 비즈니스로 돌아가라
사카모토 게이이치 지음 / 정성호 옮김
신국판 / 276쪽 / 9,000원

적은 돈으로 큰돈 벌 수 있는 **부동산 재테크**
이원재 지음 / 신국판 / 340쪽 / 12,000원

바이오혁명 이주영 지음
신국판 / 328쪽 / 12,000원

성공하는 사람들의 **자기혁신 경영기술**
채수명 지음 / 신국판 / 344쪽 / 12,000원

CFO 교텐 토요오·타하라 오키시 지음
민병수 옮김 / 신국판 / 312쪽 / 12,000원

네트워크시대 네트워크마케팅
임동학 지음 / 신국판 / 376쪽 / 12,000원

성공리더의 7가지 조건
다이앤 트레이시·윌리엄 모건 지음 / 지창영
옮김 / 신국판 / 360쪽 / 13,000원

김종결의 성공창업 김종결 지음
신국판 / 340쪽 / 12,000원

최적의 타이밍에 **내 집 마련하는 기술**
이원재 지음 / 신국판 / 248쪽 / 10,500원

컨설팅 세일즈 *Consulting sales*
임동학 지음 / 대국전판 / 336쪽 / 13,000원

연봉 10억 만들기 김농주 지음
국판 / 216쪽 / 10,000원

주5일제 근무에 따른 **한국형 주말창업** 최효진 지음 / 신국판 변형 양장본 / 216쪽 / 10,000원
돈 되는 땅 돈 안되는 땅 김영준 지음
신국판 / 320쪽 / 13,000원
돈 버는 회사로 만들 수 있는 109가지
다카하시 도시노리 지음 / 민병수 옮김
신국판 / 344쪽 / 13,000원
프로는 디테일에 강하다 김미현 지음
신국판 / 248쪽 / 9,000원
머니투데이 송복규 기자의 **부동산으로 주머니돈 100배 만들기** 송복규 지음 / 신국판 / 328쪽 / 13,000원
성공하는 슈퍼마켓&편의점 창업 나명환 지음
4×6배판 변형 / 528쪽 / 28,000원
대한민국 성공 재테크 **부동산 펀드와 리츠로 승부하라** 김영준 지음 / 신국판 / 256쪽 / 12,000원
마일리지 200% 활용하기 박성herein 지음
국판 변형 / 200쪽 / 8,000원
1%의 가능성에 도전, **성공 신화를 이룬 여성 CEO**
김미현 지음 / 신국판 / 248쪽 / 9,500원
3천만 원으로 **부동산 재벌 되기** 최수길 · 이숙 · 조연희 지음 / 신국판 / 290쪽 / 12,000원
10년을 앞설 수 있는 재테크 노동규 지음
신국판 / 260쪽 / 10,000원
세계 최강을 추구하는 도요타 방식
나카마 키요타카 지음 / 민병수 옮김
신국판 / 296쪽 / 12,000원
최고의 설득을 이끌어내는 **프레젠테이션**
조두취 지음 / 신국판 / 296쪽 / 11,000원
최고의 만족을 이끌어내는 **창의적 협상** 조강희 · 조원희 지음 / 신국판 / 248쪽 / 10,000원
New 세일즈 기법 **물건을 팔지 말고 가치를 팔아라**
조기선 지음 / 신국판 / 264쪽 / 9,500원
작은 회사는 전략이 달라야 산다 황문진 지음
신국판 / 312쪽 / 11,000원
돈되는 **슈퍼마켓&편의점 창업전략(입지 편)**
나명환 지음 / 신국판 / 352쪽 / 13,000원
25·35 꼼꼼 여성 재테크 정원훈 지음
신국판 / 224쪽 / 11,000원

주 식

개미군단 대박맞이 주식투자 홍성걸(한양증권 투자분석팀 팀장) 지음 / 신국판 / 310쪽 / 9,500원
알고 하자! **돈 되는 주식투자** 이길영 외 2명 공저 / 신국판 / 388쪽 / 12,500원
항상 당하기만 하는 개미들의 매도·매수타이밍 999% 적중 노하우
강경무 지음 / 신국판 / 336쪽 / 12,000원
부자 만들기 주식성공클리닉
이창희 지음 / 신국판 / 372쪽 / 11,500원
선물·옵션 이론과 실전매매
이창희 지음 / 신국판 / 372쪽 / 12,000원
너무나 쉬워 재미있는 주가차트
홍성무 지음 / 4×6배판 / 216쪽 / 15,000원

주식투자 직접 투자로 높은 수익을 올릴 수 있는 비결
김학균 지음 / 신국판 / 230쪽 / 11,000원

역 학

역리종합 만세력 정도명 편저
신국판 / 532쪽 / 10,500원
작명대전 정보국 지음
신국판 / 460쪽 / 12,000원
하락이수 해설 이천교 편저
신국판 / 620쪽 / 27,000원
현대인의 창조적 관상과 수상 백운산 지음
신국판 / 344쪽 / 9,000원
대운용신영부적 정재원 지음
신국판 양장본 / 750쪽 / 39,000원
사주비결활용법 이세진 지음
신국판 / 392쪽 / 12,000원
컴퓨터세대를 위한 新**성명학대전** 박용찬 지음
신국판 / 388쪽 / 11,000원
길흉화복 꿈풀이 비법 백운산 지음
신국판 / 410쪽 / 12,000원
새천년 **작명컨설팅** 정재원 지음
신국판 / 492쪽 / 13,900원
백운산의 **신세대 궁합** 백운산 지음
신국판 / 304쪽 / 9,500원
동자삼 작명학 남시모 지음
신국판 / 496쪽 / 15,000원
구성학의 기초 문길여 지음
신국판 / 412쪽 / 12,000원
소울음소리 이건우 지음
신국판 / 314쪽 / 10,000원

법률 일반

여성을 위한 **성범죄 법률상식** 조명원(변호사) 지음 / 신국판 / 248쪽 / 8,000원
아파트 난방비 75% 절감방법
고영근 지음 / 신국판 / 238쪽 / 8,000원
일반인이 꼭 알아야 할 절세전략 173선
최성호(공인회계사) 지음 / 신국판 / 392쪽 / 12,000원
변호사와 함께하는 **부동산 경매** 최환주(변호사) 지음 / 신국판 / 404쪽 / 13,000원
혼자서 쉽고 빠르게 할 수 있는 **소액재판** 김재용 · 김종철 공저 / 신국판 / 312쪽 / 9,500원
"술 한 잔 사겠다"는 말에서 찾아보는 **채권·채무**
변환철(변호사) 지음 / 신국판 / 408쪽 / 13,000원
알기쉬운 **부동산 세무 길라잡이** 이건우(세무서 재산계장) 지음 / 신국판 / 400쪽 / 13,000원
알기쉬운 **어음, 수표 길라잡이** 변환철(변호사) 지음 / 신국판 / 328쪽 / 11,000원
제조물책임법 강동근(변호사) · 윤종성(검사) 공저 / 신국판 / 368쪽 / 13,000원

알기 쉬운 주5일근무에 따른 임금 · 연봉제 실무
문강분(공인노무사) 지음 / 4×6배판 변형 / 544쪽 / 35,000원

변호사 없이 당당히 이길 수 있는 형사소송
김대환 지음 / 신국판 / 304쪽 / 13,000원

변호사 없이 당당히 이길 수 있는 민사소송
김대환 지음 / 신국판 / 412쪽 / 14,500원

혼자서 해결할 수 있는 교통사고 Q&A
조명원(변호사) 지음 / 신국판 / 336쪽 / 12,000원

알기 쉬운 개인회생 · 파산 신청법
최재구(법무사) 지음 / 신국판 / 352쪽 / 13,000원

생활법률

부동산 생활법률의 기본지식
대한법률연구회 지음 / 김원중(변호사) 감수
신국판 / 480쪽 / 12,000원

고소장 · 내용증명 생활법률의 기본지식
하태웅(변호사) 지음 / 신국판 / 440쪽 / 12,000원

노동 관련 생활법률의 기본지식 남동희(공인노무사) 지음 / 신국판 / 528쪽 / 14,000원

외국인 근로자 생활법률의 기본지식 남동희(공인노무사) 지음 / 신국판 / 400쪽 / 12,000원

계약작성 생활법률의 기본지식 이상도(변호사) 지음 / 신국판 / 560쪽 / 14,500원

지적재산 생활법률의 기본지식 이상도(변호사) · 조의제(변리사) 공저 / 신국판 / 496쪽 / 14,000원

부당노동행위와 부당해고 생활법률의 기본지식
박영수(공인노무사) 지음 / 신국판 / 432쪽 / 14,000원

주택 · 상가임대차 생활법률의 기본지식
김운용(변호사) 지음 / 신국판 / 480쪽 / 14,000원

하도급거래 생활법률의 기본지식
김진흥(변호사) 지음 / 신국판 / 440쪽 / 14,000원

이혼소송과 재산분할 생활법률의 기본지식
박동섭(변호사) 지음 / 신국판 / 460쪽 / 14,000원

부동산등기 생활법률의 기본지식 정상태(법무사) 지음 / 신국판 / 456쪽 / 14,000원

기업경영 생활법률의 기본지식 안동섭(단국대 교수) 지음 / 신국판 / 466쪽 / 14,000원

교통사고 생활법률의 기본지식 박정무(변호사) · 전병찬 공저 / 신국판 / 480쪽 / 14,000원

소송서식 생활법률의 기본지식
김대환 지음 / 신국판 / 480쪽 / 14,000원

호적 · 가사소송 생활법률의 기본지식
정주수(법무사) 지음 / 신국판 / 516쪽 / 14,000원

상속과 세금 생활법률의 기본지식 박동섭(변호사) 지음 / 신국판 / 480쪽 / 14,000원

담보 · 보증 생활법률의 기본지식 류창호(법학박사) 지음 / 신국판 / 436쪽 / 14,000원

소비자보호 생활법률의 기본지식 김성천(법학박사) 지음 / 신국판 / 504쪽 / 15,000원

판결 · 공정증서 생활법률의 기본지식
정상태(법무사) 지음 / 신국판 / 312쪽 / 13,000원

산업재해보상보험 생활법률의 기본지식
정유석(공인노무사) 지음 / 신국판 / 384쪽 / 14,000원

처 세

성공적인 삶을 추구하는 여성들에게 우먼파워
조안 커너 · 모이라 레이너 공저 / 지창영 옮김
/ 신국판 / 352쪽 / 8,800원

得 이익이 되는 말 話 손해가 되는 말
우메시마 미요 지음 / 정성호 옮김
신국판 / 304쪽 / 9,000원

부자들의 생활습관 가난한 사람들의 생활습관 다케우치 야스오 지음 / 홍영의 옮김 / 신국판 / 320쪽 / 9,800원

코끼리 귀를 당긴 원숭이-히딩크식 창의력을 배우자 강충인 지음 / 신국판 / 208쪽 / 8,500원

성공하려면 유머와 위트로 무장하라
민영욱 지음 / 신국판 / 292쪽 / 9,500원

등소평의 오뚜기전략 조창남 편저
신국판 / 304쪽 / 9,500원

노무현 화술과 화법을 통한 이미지 변화
이현정 지음 / 신국판 / 320쪽 / 10,000원

성공하는 사람들의 토론의 법칙 민영욱 지음
신국판 / 280쪽 / 9,500원

사람은 칭찬을 먹고산다 민영욱 지음
신국판 / 268쪽 / 9,500원

사과의 기술 김농주 지음
신국판 변형 양장본 / 200쪽 / 10,000원

취업 경쟁력을 높여라 김농주 지음
신국판 / 280쪽 / 12,000원

유비쿼터스시대의 블루오션 전략
최양진 지음 / 신국판 / 248쪽 / 10,000원

나만의 블루오션 전략 - 화술편
민영욱 지음 / 신국판 / 254쪽 / 10,000원

희망의 씨앗을 뿌리는 20대를 위하여 우광균 지음 / 신국판 / 172쪽 / 8,000원

끌리는 사람이 되기위한 이미지 컨설팅 홍순아 지음 / 대국전판 / 194쪽 / 10,000원

글로벌 리더의 소통을 위한 스피치
민영욱 지음 / 신국판 / 328쪽 / 10,000원

명 상

명상으로 얻는 깨달음 달라이 라마 지음 / 지창영 옮김 / 국판 / 320쪽 / 9,000원

어 학

2진법 영어 이상도 지음 / 4×6배판 변형 / 328쪽 / 13,000원

한 방으로 끝내는 영어
고제윤 지음 / 신국판 / 316쪽 / 9,800원

한 방으로 끝내는 영단어

김승엽 지음 / 김수경 · 카렌다 감수 / 4×6판 변형 / 236쪽 / 9,800원

해도해도 안 되던 영어회화 **하루에 30분씩 90일이면 끝낸다** Carrot Korea 편집부 지음
4×6배판 변형 / 260쪽 / 11,000원

바로 활용할 수 있는 **기초생활영어**
김수경 지음 / 신국판 / 240쪽 / 10,000원

바로 활용할 수 있는 **비즈니스영어**
김수경 지음 / 신국판 / 252쪽 / 10,000원

생존영어55 홍일록 지음
신국판 / 224쪽 / 8,500원

필수 여행영어회화 한현숙 지음
4×6판 변형 / 328쪽 / 7,000원

필수 여행일어회화 윤영자 지음
4×6판 변형 / 264쪽 / 6,500원

필수 여행중국어회화 이은진 지음
4×6판 변형 / 256쪽 / 7,000원

영어로 배우는 중국어 김승엽 지음
신국판 / 216쪽 / 9,000원

필수 여행스페인어회화 유연창 지음
4×6판 변형 / 288쪽 / 7,000원

바로 활용할 수 있는 **홈스테이 영어**
김형주 지음 / 신국판 / 184쪽 / 9,000원

필수 여행러시아어회화 이은수 지음
4×6판 변형 / 248쪽 / 7,500원

레포츠

수열이의 브라질 축구 탐방 **삼바 축구, 그들은 강하다** 이수열 지음 / 신국판 / 280쪽 / 8,500원

마라톤, 그 아름다운 도전을 향하여 빌 로저스 · 프리실라 웰치 · 조 헨더슨 공저 / 오인환 감수 / 지창9 옮김 / 4×6배판 / 320쪽 / 15,000원

퍼팅 메커닉 이근택 지음
4×6배판 변형 / 192쪽 / 18,000원

아마골프 가이드 정영호 지음
4×6배판 / 216쪽 / 12,000원

인라인스케이팅 100%즐기기 임미숙 지음
4×6배판 변형 / 172쪽 / 11,000원

배스낚시 테크닉 이종건 지음
4×6배판 / 440쪽 / 20,000원

나도 디지털 전문가 될 수 있다!!!
이승훈 지음 / 4×6배판 / 320쪽 / 19,200원

스키 100% 즐기기 김동환 지음
4×6배판 변형 / 184쪽 / 12,000원

태권도 총론 하응의 지음
4×6배판 / 288쪽 / 15,000원

건강하고 아름다운 **동양란 기르기** 난마을 지음
4×6배판 변형 / 184쪽 / 12,000원

수영 100% 즐기기 김종만 지음
4×6배판 변형 / 248쪽 / 13,000원

애완견114 황양완 엮음
4×6배판 변형 / 228쪽 / 13,000원

건강을 위한 **웰빙 걷기** 이강옥 지음
대국전판 / 280쪽 / 10,000원

우리 땅 우리 문화가 살아 숨쉬는 **옛터** 이형권 지음
대국전판 올컬러 / 208쪽 / 9,500원

아름다운 산사 이형권 지음
대국전판 올컬러 / 208쪽 / 9,500원

골프 100타 깨기 김준모 지음
4×6배판 변형 / 136쪽 / 10,000원

쉽고 즐겁게! 신나게! 배우는 **재즈댄스** 최재선 지음
4×6배판 변형 / 200쪽 / 12,000원

맛과 멋이 있는 낭만의 **카페** 박성찬 지음
대국전판 올컬러 / 168쪽 / 9,900원

한국의 숨어 있는 아름다운 풍경 이종원 지음
대국전판 올컬러 / 208쪽 / 9,900원

사람이 있고 자연이 있는 아름다운 **명산** 박기성 지음
대국전판 올컬러 / 176쪽 / 12,000원

마음의 고향을 찾아가는 여행 **포구** 김인자 지음
대국전판 올컬러 / 224쪽 / 14,000원

골프 90타 깨기 김광섭 지음
4×6배판 변형 / 148쪽 / 11,000원

생명이 살아 숨쉬는 한국의 아름다운 **강** 민병준 지음
대국전판 올컬러 / 168쪽 / 12,000원

틈나는 대로 세계여행 김재관 지음
4×6배판 변형 올컬러 / 368쪽 / 20,000원

KLPGA 최여진 프로의 센스 골프 최여진 지음
4×6배판 변형 올컬러 / 192쪽 / 13,900원

해양스포츠 카이트보딩 김남용 편저
신국판 올컬러 / 152쪽 / 18,000원

KTPGA 김준모 프로의 파워 골프 김준모 지음
4×6배판 변형 올컬러 / 192쪽 / 13,900원

골프 80타 깨기 오태훈 지음
4×6배판 변형 / 132쪽 / 10,000원

신나는 골프 세상 유용열 지음
4×6배판 변형 올컬러 / 232쪽 / 16,000원

풍경 속을 걷는 즐거움 명상 산책 김인자 지음
대국전판 올컬러 / 224쪽 / 14,000원

이신 프로의 더 **퍼펙트** 이신 지음
국배판 / 336쪽 / 28,000원

주니어출신 박영진 프로의 **주니어골프** 박영진 지음
4×6배판 변형 올컬러 / 164쪽 / 11,000원

골프손자병법 유용열 지음
4×6배판 변형 올컬러 / 212쪽 / 16,000원

3, 3, 7 세계여행 김완수 지음
4×6배판 변형 올컬러 / 280쪽 / 12,900원

여성실용

결혼준비, 이제 놀이가 된다
김창규 · 김수경 · 김정철 지음 / 4×6배판 변형 올컬러 / 230쪽 / 13,000원